rowohlts monographien
begründet von Kurt Kusenberg
herausgegeben von Wolfgang Müller
und Uwe Naumann

Kleopatra

Dargestellt von Uwe Baumann

Rowohlt Taschenbuch Verlag

Umschlagvorderseite: Kleopatra. Marmorbüste
(vor 31. v. Chr.)
Umschlagrückseite: Drachme (Alexandria, 51 – 30 v. Chr.):
Vs: Kopf der Kleopatra
Elizabeth Taylor als Kleopatra in dem Film
von Joseph L. Mankiewicz, 1963

Seite 3: Basaltstatue Kleopatras

Originalausgabe
Veröffentlicht im Rowohlt Taschenbuch Verlag
GmbH, Reinbek bei Hamburg, August 2003
Copyright © 2003 by Rowohlt Taschenbuch Verlag
GmbH, Reinbek bei Hamburg
Umschlaggestaltung any.way, Hamburg
Redaktionsassistenz Katrin Finkemeier
Reihentypografie Daniel Sauthoff
Layout Gabriele Boekholt
Satz PE Proforma *und* Foundry Sans *PostScript,*
QuarkXPress 4.11
Gesamtherstellung Clausen & Bosse, Leck
Printed in Germany
ISBN *3 499 50509 6*

*Die Schreibweise entspricht den Regeln
der neuen Rechtschreibung.*

INHALT

Kleopatra. Bleistiftzeichnung (um 1535)
von Michelangelo Buonarroti

Vorwort

Die Menschen können nicht sagen,
wie sich eine Sache zugetragen,
sondern nur wie sie meinen,
daß sie sich zugetragen hätte.

Georg Christoph Lichtenberg:
«Sudelbücher»

Kleopatra VII., Tochter des Ptolemaios XII. Auletes und letzte Königin der Ptolemäer, wurde im Winter des Jahres 70/69 v. Chr. geboren. 51 v. Chr. bestieg sie gemeinsam mit ihrem Brudergemahl Ptolemaios XIII. den Pharaonenthron, wurde allerdings schon wenig später von ihrem Bruder vertrieben. In einen Bettsack eingewickelt, soll sie zu Caesar nach Alexandria gebracht worden sein. Nicht schön (wie Münzbilder deutlich zeigen)[1], aber sprachgewandt, hoch gebildet, machtbewusst und witzig, gewann die knapp zweiundzwanzigjährige Kleopatra den mächtigsten Mann Roms für sich. Im Bürgerkrieg zwischen Kleopatra und Ptolemaios XIII. nahm Caesar für Kleopatra Partei (und geriet dabei in größte Schwierigkeiten); nach der Niederlage und dem Tod des Ptolemaios XIII. regierte Kleopatra mit ihrem jüngeren Brudergemahl Ptolemaios XIV. von 47 bis 44 v. Chr. über Ägypten. Vermutlich im Jahre 47 gebar Kleopatra Caesar einen Sohn, Kaisarion.

Die ägyptische Königin besuchte ihren Geliebten für viele Monate in Rom; und sie war dort auch am 15. März 44 v. Chr., dem Tag, der die antike Welt nachhaltig verändern sollte. Unter den Dolchen der Verschwörer, angeführt von Cassius und Brutus, starb Caesar, und Rom wurde in einen weiteren Bürgerkrieg hineingerissen. Obwohl Kleopatra 44 v. Chr. Kaisarion zum Mitregenten nahm, musste sie sich 41 v. Chr. wegen ihrer Haltung im römischen Bürgerkrieg in Tarsos vor Antonius verantworten. Die Caesar-Mörder waren besiegt, und das Römische Reich hatte im Grunde nur noch dem Namen nach eine republikanische Verfassung: De facto wurde es von zwei sehr unterschiedlichen Männern beherrscht, von Oktavian², dem späteren Kaiser Augustus, und von Marcus Antonius.

Wiederum, wie schon einmal bei Caesar, gelang es Kleopatra, als Aphrodite und neue Isis den mächtigen Mann Roms, Antonius, den neuen Dionysos, für sich zu gewinnen. 37 v. Chr. schenkte Antonius ihr das Fürstentum Chalkis am Libanon und weite Landstriche Phöniziens und Kilikiens. 34 v. Chr. proklamierte Antonius (der Entscheidungskampf um die Macht im Römischen Reich mit Oktavian war inzwischen unausweichlich geworden) Kleopatra zur «Königin der Könige», Caesars Sohn Kaisarion zum «König der Könige» und ihre gemeinsamen drei Kinder zu Unterkönigen: Alexander Helios für das östliche Euphratgebiet, Ptolemaios Philadelphos für Syrien und Kilikien, Kleopatra Selene für Kyrene und Libyen. Die testamentarisch bestätigten Landschenkungen des Antonius wie auch der in seinem Testament niedergelegte Wunsch, in Alexandria bestattet zu werden, lieferten Oktavian den Vorwand, den Bürgerkrieg um die Macht im Römischen Reich nominell als Krieg gegen Kleopatra und Ägypten zu führen. Kleopatra wurde ab dem Jahre 34 v. Chr. von der Propagandamaschinerie Oktavians systematisch zur nationalen Feindin Roms stilisiert, zum lüsternen, gewissenlosen, orientalischen Weib, das nur Unglück über Rom und die Römer bringe.³

Aus der verlorenen Seeschlacht bei Actium am 2. September 31 v. Chr., die den Bürgerkrieg zwischen Antonius und Oktavian, zwischen Dionysos und Apollo, zwischen Osten und Westen, entschied, entkamen Kleopatra und Antonius nach Ägypten. Die Königin versuchte vielleicht noch einmal, sich mit einem Römer zu arrangieren. Schließlich jedoch, nachdem sie ihr Spiel verloren hatte, tötete sie sich selbst am 12. August 30 v. Chr., um nicht als Gefangene im Triumphzug Oktavians mitgeführt zu werden.

Auf einige dürre Fakten reduziert, ist dies der Lebensweg Kleopatras. Ihre Geschichte als Herrscherin Ägyptens wird auch im Rückblick des Historikers zu einer klassischen Tragödie, in der sie sich mit immer weniger Erfolg gegen die Entwicklung ihrer Zeit stemmt. Die Epoche der unabhängigen hellenistischen

Königreiche war spätestens seit der Neuordnung des gesamten Ostens durch Pompeius (63 v. Chr.) vorbei; einzig und allein Rom beherrschte die Mittelmeerwelt. Dies erkannte zweifellos auch Kleopatra und versuchte sich deshalb mit den Mächtigen Roms zu arrangieren. Die Tage des republikanischen Roms waren jedoch ebenfalls gezählt, und so wurde die ägyptische Königin immer wieder in die Todeskämpfe und Bürgerkriege der sterbenden Republik hineingezogen. Der Getreide- und Holzreichtum ihres Königreichs, insgesamt die Ressourcen, die Ägypten bereitstellen konnte, machten ihr Herrschaftsgebiet wiederholt zum Ziel von Begehrlichkeiten. Pompeius war nach der Niederlage gegen Caesar nach Ägypten geflohen, die Caesar-Mörder suchten in Ägypten und Syrien Zuflucht, und auch Antonius stützte sich in seinem Endkampf mit Oktavian nahezu ausschließlich auf die Reichtümer Ägyptens. Die Niederlage des Antonius bei Actium besiegelte dann auch das Schicksal Kleopatras und ihres Königreichs. Ägypten wurde zur römischen Provinz, einer Provinz zudem, die ohne ausdrückliche Genehmigung des Kaisers kein Senator mehr betreten durfte. Deutlicher als es diese gesetzliche Regelung zeigt, kann die herausragende Bedeutung Ägyptens für das Römische Reich kaum betont werden: Der Herr über Ägypten und damit über die Getreideressourcen des Landes konnte sich jederzeit zu einer Gefahr für die Versorgung Roms und so für die Sicherheit des Reichs entwickeln. Oktavian hatte als kühler Machtpolitiker die Konsequenzen aus den Erfahrungen der letzten Jahrzehnte gezogen und sich den Zugriff auf Ägypten endgültig (und persönlich) gesichert.

Die Niederlage des Antonius bei Actium besiegelte nicht nur das Schicksal Kleopatras, sie ist auch das entscheidende Ereignis für die Beurteilung ihrer Persönlichkeit durch die Nachwelt. Die Geschichte schreibt, wie die antiken Historiker schon wussten, immer der Sieger. So sind fast alle Quellen, die uns heute über Kleopatras Leben und Persönlichkeit Aufschluss geben können, belastet durch die ungemein effektive Propagandapolitik Oktavians. Die erhaltenen Zeugnisse, ohnehin nur eine durch die Zufälle der Überlieferung begrenzte Auswahl, weisen fast ausnahmslos die Tendenz auf, die Beziehung zwischen Kleopatra und Caesar zu bagatellisieren und Kleopatra und Antonius als unrömisches, in orientalischer Pracht lebendes Herrscherpaar zu diffamieren. Die Persönlichkeit Kleopatras (soweit sie sich [re-]konstruieren lässt) und die wahre Geschichte ihrer Handlungen wie ihrer politischen Ambitionen liegen begraben unter römischer Bürgerkriegspropaganda und den vielen poetischen Bearbeitungen einer tragischen Liebesgeschichte.

Dennoch lässt sich, wenn man die erhaltenen Zeugnisse unvoreingenommen prüft und sich die tendenziöse Darstellung darin immer wieder vor Augen führt, das facettenreiche Bild einer faszinierenden Herrscherin gewinnen, die sich über fast zwei Jahrzehnte in der männlich rauen Welt von Bürgerkrieg, politischer Intrige und gewissenloser Machtpolitik behauptete, einer Frau, die wie kaum eine zweite aus durchsichtigen politischen Gründen diffamiert wurde.[4]

Diese Skizze der Persönlichkeit und der Regierungszeit Kleopatras möchte keine grundsätzliche Neubewertung der letzten Ptolemäerkönigin vornehmen, sondern eine – im Wesentlichen aus den Quellen erarbeitete – knappe und historisch zuverlässige Biographie bieten, die allein schon durch ausführliche Quellenzitate die Leserinnen und Leser notwendigerweise in den Prozess der Bewertung der dort getroffenen Aussagen einbezieht.

Der für dieses Vorhaben verfügbare Raum zwingt von vornherein zur Auswahl und in manchen Punkten auch zu bewusstem Verzicht. So kann im Folgenden keine ausführliche Analyse der römischen Politik der Jahre 51 bis 30 v. Chr. geboten werden, obwohl diese zweifellos den Hintergrund – und für die entscheidenden Jahre mit Caesar und Antonius nicht nur den Hintergrund – der politischen Handlungen und Ambitionen Kleopatras liefert. Ebenso wird weitgehend auf die Darstellung der sozial- und wirtschaftsgeschichtlichen Entwicklung Ägyptens im mittleren Drittel des 1. Jahrhunderts v. Chr. verzichtet. Das Literaturverzeichnis trägt diesem strukturellen Verzicht in der Darstellung insofern Rechnung, als dort auch zu diesen speziellen Fragen die wichtigsten neueren Studien verzeichnet sind.

Obwohl nach Umberto Ecos Essay «Wie man ein Vorwort schreibt» (1987) Danksagungen immer belastender werden, ist es mir mehr als eine angenehme Pflicht, öffentlich Dank zu sagen für die vielfältige Unterstützung, die mir bei der Materialbeschaffung und Materialsichtung von vielen Seiten zuteil wurde. Ein erster Dank gilt all denen, in deren Fußstapfen ich bei meinem Porträt Kleopatras treten durfte, ein Dank, der durch die Nennung in den Anmerkungen und im Literaturverzeichnis nur ungenügend abgestattet werden kann, zumal viele dort aus Raumgründen nicht einmal genannt werden können. Neben diesem notwendig pauschalen Dank seien daher Hans Volkmann, Michael Grant, Dietmar Kienast, Günther Hölbl und Manfred Clauss namentlich erwähnt, deren Standardwerke zu Augustus, Kleopatra und der Zeit der Ptolemäerherrschaft insgesamt meine Skizze nachhaltig geprägt haben.

Für die kritische Lektüre dieser Monographie und einige Verbesserungsvorschläge fühle ich mich meinen fachfremden und – vielleicht gerade darum – unbefangenen und kompetenten studentischen und wissenschaftlichen Mitarbeiterinnen und Mitarbeitern, Barbara Maerker, Julia Mittelstraß, M. A., Peter Nover, M. A., Susanne Rauter, M. A., Gislind Rohwer und Andrea Rummel zu größtem Dank verpflichtet.

Last but not least sind meine Kolleginnen und Kollegen zu erwähnen, die ungeachtet ihrer eigenen Belastungen immer wieder die Zeit für anregende interdisziplinäre Gespräche gefunden haben: Wolfram Ax (Köln), Anthony Birley (Düsseldorf), Herwig Friedl (Düsseldorf), Raban von Haehling (Aachen), Barbara Haupt (Düsseldorf), Wolfram Hogrebe (Bonn), Christine Schwarzer (Düsseldorf), Ruprecht Ziegler (Duisburg) und Bernhard Zimmermann (Freiburg).

Ptolemäer-Prinzessin und Königin ohne Macht

Rom und Ägypten

Als Kleopatra um die Jahreswende 70/69 v. Chr. geboren wurde, herrschte ihr Vater Ptolemaios XII. Auletes über ein reiches, aber politisch instabiles Ägypten. Das aus den Diadochenkriegen hervorgegangene und von den ersten drei Ptolemäer-Herrschern, Ptolemaios I. Soter (306/4 bis 283/2 v. Chr.), Ptolemaios II. Philadelphos (285–246 v. Chr.) und Ptolemaios III. Euergetes (246 bis 222 v. Chr.), konsequent erweiterte und gesicherte Reich[5] war in einem stetigen Prozess des Niedergangs auf das Kernland Ägypten zusammengeschrumpft; lediglich der Bruder Ptolemaios' XII. Auletes verfügte noch über Zypern. Beide waren jedoch Herrscher von Roms Gnaden.

Einen ersten deutlichen Hinweis auf die wahren Machtverhältnisse im Mittelmeerraum vermittelt das Eingreifen Roms in den sechsten Syrischen Krieg (180–168 v. Chr.). Der römische Senat hatte als Reaktion auf ein Hilfegesuch aus Alexandria im Januar 168 v. Chr. eine Gesandtschaft unter der Führung des C. Popilius Laenas in den Osten geschickt, um den Gang der Ereignisse aus der Nähe zu beobachten und im syrisch-ägyptischen Krieg eine Entscheidung im Sinne Roms herbeizuführen.[6] Diese Gesandtschaft erhielt in ihrem

Quartier auf Delos die Nachricht vom römischen Sieg bei Pydna über Perseus von Makedonien (22. Juni 168) und vom Marsch Antiochos IV. von Syrien auf Alexandria. Der frische Ruhm des Sieges über die makedonische Phalanx und der erneute Vormarsch des Seleukidenherrschers schufen die Voraussetzungen für das Eingreifen des Popilius Laenas. Die römischen Gesandten fuhren nach Ägypten[7]; in einem Vorort von Alexandria, Eleusis, trafen sie mit Antiochos zusammen, eine Zusammenkunft, die von zahlreichen antiken Autoren als denkwürdig überliefert wurde.[8] Den berühmt gewordenen Tag von Eleusis beschreibt Polybios besonders eindringlich:

Marmorbüste des Ptolemaios XII. Auletes

«Als Antiochos gegen Ptolemaios heranzog, um Pelusion zu besetzen, [trat ihm] der römische Gesandte [C.] Popilius [Laenas in den Weg]. Der König begrüßte ihn schon von weitem durch lauten Zuruf und streckte ihm die Hand entgegen. Popilius aber reichte ihm die Schreibtafel, die er bereit hielt und auf der der Senatsbeschluß geschrieben stand, und hieß ihn zuerst das Schriftstück lesen, wie mir scheint, weil er ihm den Gruß als Zeichen der Freundschaft nicht eher zu bieten wünschte, als er sich von der Gesinnung des anderen überzeugt hatte, ob er Freund oder Feind sei. Als der König gelesen hatte, erklärte er, seinen Freunden das Schreiben mitteilen und sich mit ihnen über die neue Lage beraten zu wollen. Darauf tat Popilius etwas, was man nicht anders als hart und im höchsten Maße demütigend bezeichnen kann: er zog mit einem Weinrebenstab, der ihm gerade zur Hand war, einen Kreis um Antiochos und hieß ihn in diesem Kreis seine Antwort auf den Senatsbeschluß zu erteilen. Der König, obwohl befremdet über dieses Ansinnen und die Anmaßung des römischen Gesandten, zögerte doch nur kurze Zeit und erwiderte dann, er werde alles tun, was die Römer von ihm verlangten. Jetzt ergriff Popilius seine Hand, und er und seine Mitgesandten begrüßten Antiochos auf das herzlichste. In dem Schreiben hatte gestanden, er solle auf der Stelle den Feldzug gegen Ptolemaios abbrechen und den Krieg beenden. Infolgedessen führte er innerhalb der ihm gesetzten Frist sein Heer nach Syrien zurück, mit Ingrimm und Widerstreben, jedoch für jetzt der Not gehorchend. [...] In dieser Weise also retteten die Römer das Ptolemäerreich, das schon unmittelbar vor der völligen Vernichtung gestanden hatte, da die Tyche es so gefügt hatte, daß der Krieg mit Perseus und den Makedonen rechtzeitig zu Ende ging, um Alexandreia und das ganze ägyptische Reich, das schon fast völlig am Boden lag, sich wieder erheben zu lassen. Dies hatte daran gehangen, daß vorher die Entscheidung gegen Perseus fiel. Wäre das nicht geschehen und hätte sich Antiochos nicht von dem römischen Sieg überzeugen müssen, so würde er schwerlich dem Befehl des Popilius gehorcht haben.»[9]

Das arrogante, aber politisch kluge Verhalten des Popilius Laenas signalisiert, dass fortan sowohl die Seleukiden wie die Ptolemäer mit Rom als der beherrschenden Macht im östlichen Mittelmeerraum zu rechnen hatten; eine bloße Gesandtschaft rettete – begünstigt durch den Sieg bei Pydna – die Existenz des Ptolemäer-Reichs. Die Ptolemäer waren damit, obwohl sie nominell genauso selbständig regierten wie vorher, dem politischen Einfluss Roms ausgesetzt. Bei innerdynastischen Streitigkeiten, bei Problemen mit sozial motivierten Aufständen, kurzum bei allen existenziellen Fragen wurde fortan der römische Senat um Hilfe, um Zustimmung, um Entscheidung gebeten. Und Rom versuchte, wie wiederum Polybios überliefert[10], zum Beispiel im Konflikt der Brüder Ptolemaios Philometor und Ptolemaios Euergetes II. (164–163 v. Chr.) zu vermitteln und mit ausschließlich diplomatischen Mitteln die Krise beizulegen; Ptolemaios Euergetes wurde ab 162/161 als alleiniger «amicus et socius» («Freund und Bundesgenosse») Roms betrachtet. Nach einem

Attentat wandte sich Ptolemaios VIII. Euergetes II. 156/155 v. Chr. erneut um Hilfe an Rom und erließ zugunsten Roms eine testamentarische Verfügung, das so genannte Testament des Euergetes. Dies ist das erste Testament eines hellenistischen Herrschers zugunsten Roms; es sollte Vorbildcharakter für die ähnlichen Testamente der nächsten Jahrzehnte, u. a. Attalos' III. von Pergamon und Nikomedes' II. von Bithynien, erhalten. Zugleich ist es ein Zeichen mehr für den unaufhaltsamen Machtverlust der hellenistischen Staaten: «Möge es mir beschieden sein, mit der gnädigen Hilfe der Götter in gebührender Weise an denen Rache zu nehmen, die das gottlose Attentat gegen mich angestiftet haben und mich nicht nur der Krone, sondern auch des Lebens berauben wollten. Wenn mir aber etwas Menschliches zustößt, ehe ich Thronerben hinterlasse, so vermache ich die mir gebührende Königsherrschaft den Römern, denen ich von Anfang an die Freundschaft und das Bündnis treu gewahrt habe.»[11]

Angesichts der zunehmenden Destabilisierung des Ptolemäer-Reichs, der «Selbstzerfleischung der Dynastie»[12], begnügte sich Rom damit, hin und wieder das Land durch Gesandte zu kontrollieren. Bei einem dieser Besuche, vermutlich im Jahre 140/139 v. Chr., machte Ptolemaios VIII. eine denkbar schlechte Figur: Ganz gegen seine Gewohnheit ging der feiste König der von P. Cornelius Scipio Aemilianus, dem Zerstörer Karthagos (146 v. Chr.), angeführten Gesandtschaft bis zum Hafen entgegen, um sie in den königlichen Palast zu geleiten, wobei er «angeblich wegen seiner körperlichen Trägheit und Weichlichkeit mit ihnen kaum Schritt halten konnte»[13]. Obwohl, oder vielleicht besser: weil der König in seiner Kleidung und seinem Auftreten das ptolemäische Herrscherideal der Tryphè, einer Glück verheißenden Üppigkeit, repräsentierte, wird er in der antiken Überlieferung zur Kontrastfolie für das männlich kraftvolle Auftreten der Römer.[14]

Der zu Beginn des Jahres 88 v. Chr. von einem Militär- und Volksaufstand aus Alexandria vertriebene Ptolemaios X. Alexander I. versuchte mit Geldern, die er bei römischen Geldverleihern aufgenommen hatte, Söldner anzuwerben, um sich sein Reich, das erneut Ptolemaios IX. Soter II. regierte, zurückzuerobern. Bei

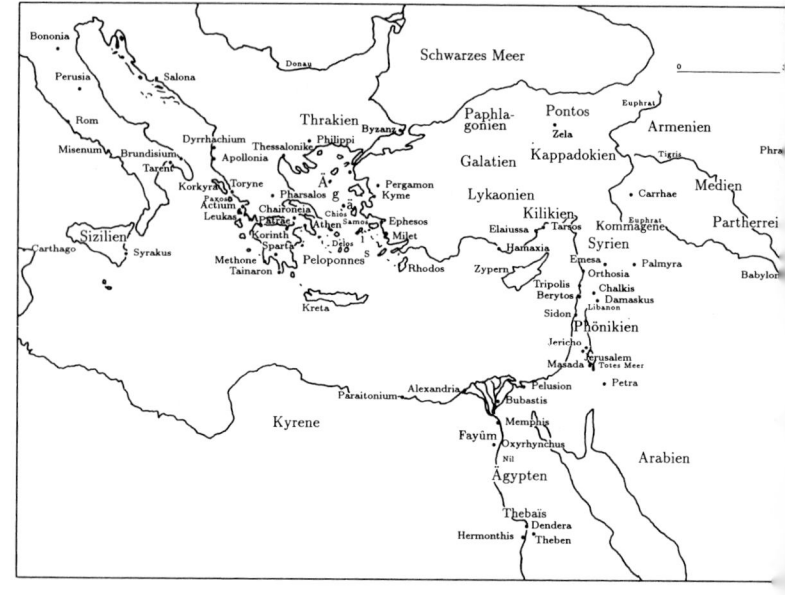

Das östliche Mittelmeergebiet (nach Clauss 1995, S. 123)

dem Versuch, sich Zypern anzueignen, wurde Ptolemaios X. endgültig besiegt und verlor sein Leben.[15] Wichtiger als dieses Detail der dynastischen Auseinandersetzungen der Ptolemäer-Familie ist jedoch, dass Ptolemaios X. – wohl als Garantie für die Rückzahlung der geliehenen Gelder – sein Königreich für den Fall seines Untergangs testamentarisch den Römern vermacht haben soll.[16] In den politischen Auseinandersetzungen Roms der sechziger Jahre sollte dieses Testament des Ptolemaios X. Alexander I. eine entscheidende Rolle spielen, wie exemplarisch Cicero verdeutlicht: «Denn wer von euch wüßte nicht, daß dieses Reich [d. h. Alexandrien und ganz Ägypten] durch das Testament des Königs Alexander in den Besitz des römischen Volkes übergegangen sein soll? Hier will ich, der Konsul des römischen Volkes, nicht nur kein Urteil aussprechen, sondern nicht einmal vorbringen, was ich davon halte. Denn die Sache kommt mir zu wichtig vor, darüber zu befinden oder auch nur eine Meinung zu äußern. Ich sehe, wer versichert, daß das Testament zustande gekommen sei; ich weiß, daß ein Senatsgutachten über den Antritt der Erbschaft besteht – aus der Zeit, da wir nach dem Tode Alexanders drei Gesandte nach Tyros schickten, das Geld in Empfang zu nehmen, das Alexander dort hinterlegt hatte. Ich erinnere mich, daß L. Philippus dies oft im Senat bestätigt hat; ich bemerke die fast einhellige Meinung, daß dem jetzigen Herrn dieses Reiches sowohl die Herkunft als auch die Eigenschaften eines Königs abgehen. Auf der anderen Seite verlautet es, es gebe gar kein Testament, es dürfe nicht scheinen, daß sich das römische Volk aller Königreiche bemächtigen wolle, unsere Leute würden wegen der Güte des Landes und des allgemeinen Überflusses in diese Gebiete auswandern.» [17]

Mit diesem Zitat sind wir der Zeit bereits ein wenig vorausgeeilt, denn der nach dem Urteil Ciceros sowohl der Herkunft nach wie auch von seinen Fähigkeiten her ungeeignete Herrscher Ägyptens ist Ptolemaios XII. Auletes, der Vater Kleopatras. Er war im Jahre 80 v. Chr. nach einer für die dynastischen Probleme der Ptolemäer nicht ganz untypischen Situation an die Macht gekommen. Nach dem Tode Ptolemaios' IX. Soters II. Ende Dezember 81 v. Chr. hatte zunächst dessen Witwe Kleopatra Berenike III. für etwa sechs Monate allein regiert; dann wurde Ptolemaios XI. Alexander II. aus Rom nach Alexandria gerufen; dieser heiratete seine Stiefmutter, teilte sich mit ihr die Herrschaft und beendete damit die als ungebührlich empfundene reine Frauenherrschaft. Achtzehn oder neunzehn Tage nach der Heirat ermordete der König Kleopatra Berenike III. (etwa im Juni 80 v. Chr.), wurde jedoch unmittelbar darauf zur Rechenschaft gezogen von den durch den Mord an der sehr beliebten Königin aufgebrachten Alexandrinern: Sie holten ihn aus dem Palast und töteten ihn im Gymnasium. [18] Nun war guter Rat teuer. Zum einen war eine direkte Intervention Roms zu befürchten, da das Testament Ptolemaios' X. Alexanders I. nach dem Tod seines Sohnes, des letzten leiblichen Nachkommen, bedrohliche Aktualität erhalten haben musste. Zum anderen war der einzige legitime Nachkomme der Ptolemäer-Dynastie Kleopatra V. Selene, die Witwe des Seleukidenkönigs Antiochos X., die dann auch später für ihre beiden Söhne Ansprüche auf das seleukidische wie das ptolemäische Erbe anmeldete.[19] Die Alexandriner handelten jedoch schnell und riefen die beiden am Hofe Mithridates' VI. lebenden illegitimen Söhne Ptolemaios' IX. zurück: Den einen erhoben sie als Ptolemaios XII. Auletes zum König von Ägypten, den anderen, ebenfalls Ptolemaios, zum König von Zypern.

Mit der Zählung seiner Regierungsjahre schloss Ptolemaios XII. unmittelbar an Ptolemaios IX. Soter an, wie er auch mit der Annahme des Titels «Philopator» («der Vaterliebende») Anschluss an die Herrschaft seines Vaters suchte. Im Jahre 76 v. Chr. ließ er sich von dem neu ernannten Ptahpriester in Memphis zum Pharao krönen. Spätestens seit dieser Krönung nannte er sich – als erster und einziger Ptolemäer offiziell – ebenfalls «Neos Dionysos» («Neuer Dionysos»). Die für ihre notorischen Spötteleien bekannten Alexandriner hängten ihm noch zwei Beinamen an, «Nothos» («Bastard») und «Auletes» («Flötenspieler»). Während der erste Spottname auf seine illegitime Herkunft verweist, bezieht sich der Spottname Auletes auf die Vorliebe des Königs, Chöre auf der Flöte zu begleiten und sich an Agonen mit seinem Flötenspiel zu beteiligen.[20]

KINDHEIT UND JUGEND

Vielleicht verband sich Ptolemaios XII. nach seiner ägyptischen Krönung (76 v. Chr.) in einer in griechischen Augen illegitimen Ehe mit einer Ägypterin aus vornehmer Priesterfamilie. Diese könnte die Mutter Kleopatras und der folgenden Kinder Ptolemaios' XII. sein; die Schwestergemahlin des Herrschers, Kleopatra VI. Tryphaina, fiel 69/68 v. Chr. in Ungnade. Mehr als eine plausible Vermutung über die Mutter Kleopatras erlaubt die spärliche Überlieferung freilich nicht.[21]

Über die Kindheit und die Jugend Kleopatras wissen wir noch weniger; man wird jedoch vermuten dürfen, dass sie eine gute hellenistische Erziehung genoss. Zum einen legen dies alle Quellen nahe, die wir über die kulturellen Interessen ihres Vaters haben; zum anderen befand sich der königliche Palast in unmittelbarer Nähe zur Bibliothek und zum Museion von Alexandria, dem Zentrum hellenistischer Forschung und Bildung. Im

Stammtafel I: Die Vorfahren Kleopatras

Lagos = Berenike I.
|
Ptolemaios I. Soter = Berenike I.
(306 – 283 v. Chr.) |

Arsinoë II. = Ptolemaios II. Philadelphos = Arsinoë I.
(285 – 246) |

Berenike II. = Ptolemaios III. Euergetes (246 – 222/1)
|
Arsinoë III. = Ptolemaios IV. Philopator (221 – 204)
|
Kleopatra I. = Ptolemaios V. Epiphanes (204 – 180)

olemaios VI. Philometor = Kleopatra II. = Ptolemaios VIII. Euergetes II. = Kleopatra III.
(180/181 – 145)   (gest. 116/115) (Physcon)   (170 – 163,   (gest. 101)
                                            145 – 116

olemaios VII. Neos   Kleopatra Thea   Kleopatra III.   Ptolemaios Apion
hilopator (145 – 144)   (gest. 121)   (gest. 101)   von Kyrene

Ptolemaios IX. Soter II.   Ptolemaios X. Alexander I.
(Lathyros) (116 – 107, 88 – 80)   (107 – 88)

Ptolemaios XII.   Ptolemaios   Kleopatra = Ptolemaios XI.
Neos Dionysos Auletes   v. Zypern   Berenike   Alexander II.
(80 – 51)   (80 – 58)   (gest. 80)
|
KLEOPATRA VII.
(51 – 49, 48 – 30)

(Nach: Grant 1990, S. 374. Die Jahreszahlen beziehen sich auf die Regierungszeiten)

Dienste der Wissenschaften hatten die Ptolemäer-Herrscher mehr als 400 000 Papyrusrollen zusammengetragen, die in der staatlichen Bibliothek Alexandrias von den bedeutendsten Gelehrten katalogisiert und ausgewertet wurden: «Die Wissenschaft der Philologie entstand; die Texte Homers, der Tragiker und Komiker wurden auf ihre Echtheit geprüft. Im Museion, der Akademie der Wissenschaften, forschten, der Sorge um das tägliche Leben enthoben, die Gelehrten und disputierten oft unter Beteiligung der Könige. Medizin, Mathematik, Physik, Geographie und Astronomie wurden mit allen Hilfsmitteln gefördert. Eratosthenes berechnete den Erdumfang, Ktesibios studierte den Luftdruck und baute Wurfgeschütze mit komprimierter Luft, Herophilos begründete die Anatomie, sezierte menschliche Leichname und erkannte das Nervensystem, Eukleides schrieb hier seine Elementarmathematik und Aristarchos entdeckte bereits die Bewegung der Erde um die Sonne.»[22] Wenn man auch über die Erziehung Kleopatras nur Vermutungen äußern kann, so scheint es doch sicher, dass sie schon als Kind erkennen musste, in welcher beklagenswert schwachen Position sich ihr Vater befand.

Von Anfang seiner Regierungszeit an stand er unter dem politischen Damoklesschwert des Testaments Ptolemaios' X. Alexanders I.; vielleicht haben die Römer schon in den siebziger Jahren damit politischen Druck auf Ptolemaios XII. ausgeübt und finanzielle Zuwendungen erpresst. Die Anerkennung als Herrscher von Ägypten jedenfalls verweigerten sie ihm, obwohl sie ihn bis etwa in die Mitte der sechziger Jahre unbehelligt regieren ließen. Im Jahr 65 v. Chr. stellte einer der Censoren, der spätere Triumvir M. Licinius Crassus, im Senat den Antrag, Ägypten als römische Provinz zu annektieren.[23] Dieser Antrag scheiterte am Einspruch seines Amtskollegen Q. Lutatius Catulus. Ob die Notiz Suetons, der damalige Ädil C. Julius Caesar habe über ein Plebiszit versucht, ein außerordentliches «imperium» zu erhalten, das ihm die Annektierung Ägyptens erlaubte[24], historisch zutrifft oder nicht, ist im Grunde unerheblich, entscheidend ist, dass einflussreiche Kreise in Rom «Ägypten als geeignete Machtbasis zur Förderung der Karriere eines ehrgeizigen römischen Politikers»[25] betrachteten. Ägypten, ein Land unvorstellbaren Reichtums, den es der gütigen Natur, den Überschwemmungen des Nils, dem fruchtbaren Nilschlamm und der effizienten Ausbeutung der bäuerlichen Bevölkerung verdankte, war ein lohnendes Objekt für eine Annexion, zumal diese juristisch leicht als Antreten der ägyptischen Erbschaft legitimierbar gewesen wäre. Derjenige, der sich in den Besitz Ägyptens bringen konnte, hätte über ungeheure Geldmittel verfügt, kein Wunder also, dass geäußerte Annexionspläne sofort die innenpolitischen Gegner mobilisierten. Während sich Cicero und andere Optimaten allen Annexionsplänen energisch widersetzten, hatte wohl auch Ptolemaios XII. begriffen, dass er einer energischen Forcierung seiner eigenen Interessen bedurfte. Die Anerkennung seiner Herrschaft in Rom war das Einzige, was ihm, zumindest für den

Augenblick, Ruhe verschaffen konnte; und das Einzige, womit er in klarsichtiger Analyse der politischen Situation in Rom die Anerkennung seiner Herrschaft nachhaltig fördern konnte, war Geld – Geld für die Mächtigen Roms.

Zunächst wandte er sich an Pompeius, der gerade den 3. Mithridatischen Krieg (74/73 – 63 v. Chr.) siegreich beendet und das Seleukidenreich aufgelöst hatte [26], sandte ihm einen schweren goldenen Kranz und finanzierte den Unterhalt für 8000 Mann Reiterei, als Pompeius 63 v. Chr. in Judäa Krieg führte. [27] Die Gelder für diese enormen Investitionen in die eigene Zukunft beschaffte sich Ptolemaios XII. vor allem durch Steuererhöhungen, was schon bald zu Unruhen führte. Die Ägypter wussten sehr genau, wofür der König die Gelder brauchte; die Situation in Alexandria gegen Ende der sechziger Jahre war insgesamt außerordentlich angespannt: Die drückende Steuerlast provozierte Streiks und Aufstände. In dieser ohnehin schon schwierigen innenpolitischen Lage musste die Obrigkeit um jeden Preis vermeiden, Anlass oder Vorwand für ein direktes militärisches Eingreifen Roms zu bieten. [28]

Man wird vermuten dürfen, dass der mittlerweile etwa zehnjährigen Kleopatra diese gespannte Atmosphäre in Alexandria durchaus vertraut war. Vor allem die Ereignisse des Jahres 59 v. Chr. wird sie in lebhafter Erinnerung behalten haben: Hatte Ptolemaios XII. zuvor besonders auf Pompeius gesetzt, so galt es nach dem 1. Triumvirat (60 v. Chr.) umzudenken und sich ebenfalls auf Caesar einzustellen. Ptolemaios offerierte nun Caesar und Pompeius für die Anerkennung als rechtmäßiger König Ägyptens 6000 Talente, etwa die Einkünfte eines ganzen Jahres. [29] Und dieses Angebot trug schnell Früchte. Als Konsul beendete Caesar 59 v. Chr. den mehr als zwei Jahrzehnte währenden Schwebezustand: Durch ein von ihm durchgesetztes «senatus consultum» wurde Ptolemaios als König Ägyptens bestätigt. Als Dank für seine Unterstützung der Armee des Pompeius wurde der König darüber hinaus als «amicus et socius populi Romani» («Freund und Bundesgenosse des römischen Volkes») anerkannt. [30] Sein mit enormen Bestechungsgeldern angestrebtes Ziel, die förmliche Anerkennung durch Rom, hatte Ptolemaios

damit erreicht; die Konsequenzen seiner Politik sollten ihn jedoch schon bald in erneute Turbulenzen stürzen.

Zum einen hatten die Summen, die Ptolemaios XII. bei römischen Finanziers, insbesondere bei dem berüchtigten Großban-
kier C. Rabirius Postumus, hatte aufnehmen müssen, um seinen
Verpflichtungen bei den Mächtigen Roms nachzukommen, eine
so Schwindel erregende Höhe erreicht, dass er erneut zum un-
populären Mittel der Steuererhöhung griff. Zum anderen war offensichtlich bei den Verhandlungen zwischen Ptolemaios XII.
und den Römern die Zukunft des seit 80 v. Chr. von Ägypten unabhängig regierten Königreichs Zypern ausgeklammert worden.
Im Jahr 58 v. Chr. brachte der Volkstribun P. Clodius Pulcher ein
Gesetz ein («Lex Clodia»), das vorsah, Zypern als römische Provinz einzuziehen; die Begründung war, dass der König von Zypern die Piraten vor der kilikischen Küste unterstützt hätte.[31] Mit
dieser «Lex Clodia» gelang es P. Clodius Pulcher, sowohl den zy-
prischen Königsschatz für Rom zu kassieren als auch M. Porcius
Cato, den politischen Gegner, mit der ehrenvollen Aufgabe, die
Annexion Zyperns durchzuführen, aus Rom zu entfernen.[32] Von
Rhodos aus versuchte Cato, Ptolemaios, den jüngeren Bruder Ptolemaios' XII., zur Übergabe Zyperns zu überreden; Cato bot ihm
Asyl als Priester im Tempel der Aphrodite in Paphos an, Ptolemaios jedoch zog den Selbstmord durch Gift vor. Zypern wurde
nach der Mission des Cato (58 / 56 v. Chr.) der Provinz Kilikien zu-
geschlagen.

Ptolemaios XII. hatte zu alldem geschwiegen; es fragt sich
auch, ob er durch einen Einspruch die Annexion Zyperns hätte
verhindern können. Diese Annexion und das Schicksal des Ptolemaios verdeutlichten erneut, dass die politischen Entscheidungen in Rom fielen. Wenn Ptolemaios XII. in klarer Erkenntnis des
realpolitisch Möglichen auch schwieg, die Annexion Zyperns
und der Freitod seines Bruders werden ihn – und auch seine mittlerweile fast zwölfjährige Tochter Kleopatra – getroffen haben.

Die Alexandriner, ohnehin gegen ihren König aufgebracht
wegen der für seine Bestechungspolitik notwendigen Steuerlas-
ten, betrachteten die Annexion Zyperns als Angriff auf Ägypten;
sie verübelten es ihrem König, nichts für seinen Bruder und Zy-

pern unternommen zu haben, und vertrieben ihn wohl noch im Spätsommer 58 v. Chr. aus Alexandria.[33] Ptolemaios XII. blieb keine andere Wahl, er musste sich wiederum an Rom wenden.

Im Verlauf des Jahres 57 v. Chr. traf Ptolemaios XII., nachdem er sich auf Rhodos mit Cato beraten hatte[34], in Rom ein; Pompeius beherbergte ihn in seiner Albaner Villa. Die Kinder des Ptolemaios XII. waren, vielleicht mit Ausnahme Kleopatras[35], zu Hause geblieben. Schnell erhob man in Ägypten die älteste Tochter des Ptolemaios, Berenike IV., zusammen mit ihrer Mutter, Kleopatra V., zu Königinnen. Kleopatra VI. Tryphaena scheint jedoch noch im Jahr 57 v. Chr. gestorben zu sein.[36] Nach einigen Schwierigkeiten – ein Seleukidenprinz starb plötzlich, einem zweiten verbot A. Gabinius, der römische Prokonsul in Syrien, die Einreise nach Ägypten, einen dritten, vorgeblichen Seleukidenprinzen, ließ die Königin nach wenigen Ehetagen erdrosseln – fand Berenike IV. in Archelaos, einem vorgeblichen Sohn des Mithridates VI. Eupator, einen Ehemann, mit dem sie Ägypten 56 und 55 v. Chr. gemeinsam regierte.

Im Senat in Rom versuchte Pompeius indessen, das Anliegen seines Gastes zu fördern: Für viele Monate stand das Problem der Wiedereinsetzung des Ptolemaios auf der Tagesordnung, und die Angelegenheit wurde immer dringlicher. Neben der Tatsache, dass Ptolemaios XII. offiziell als Freund und Bundesgenosse Roms galt, schlugen seine hohen Schulden für ihn positiv zu Buche, denn nur seine Rückkehr auf den ägyptischen Thron eröffnete seinen Gläubigern eine Chance auf Rückzahlung der Darlehen.

Wie hartnäckig und skrupellos der vertriebene Ptolemäer-König seine Interessen verfolgte, erfuhr die römische Öffentlichkeit schon bald. Eine anschauliche Vorstellung des verzweifelten Bemühens Ptolemaios' XII. um seine Rückkehr nach Alexandria vermittelt der offensichtlich auf guten Quellen gründende Bericht des Cassius Dio: «Inzwischen hatten die Alexandriner, die eine Zeitlang nicht wußten, daß ihr König nach Italien gefahren war, oder ihn tot glaubten, seine Tochter Berenike für ihn auf den Thron gesetzt. Sowie sie aber dann die Wahrheit erfuhren, sandten sie hundert Männer nach Rom, mit dem Auftrag, sie gegen die Beschuldigungen ihres Herrschers zu verteidigen und alles dagegen vorzubringen, was sie an Bösem von seiner Seite erlitten hatten. Ptolemaios hatte, während er noch in Rom weilte, rechtzeitig von dieser Absicht Kenntnis erhalten und schickte nun in verschiedene Richtungen Leute aus, um den Gesandten vor ihrer Ankunft aufzulauern. So erreichte er, daß die Mehrzahl von ihnen auf dem Wege ums Leben kam; von den restlichen Männern aber ließ er die einen in der Stadt selbst umbringen, während er die anderen teils dadurch in Schrecken setzte, teils mit Geld bestach und so veranlaßte, nicht an die Behörden mit ihren Aufträgen heranzutreten und der Ermordeten überhaupt keine Erwähnung zu tun. Der Fall erregte jedoch derartiges Aufsehen, daß selbst der Senat sein lebhaftes Mißfallen ausdrückte. Vor allem Marcus Favonius bewog ihn zu diesem Vorgehen, und zwar aus einem doppelten Grund, weil eine große Zahl der von den Bundesgenossen abgeordneten Gesandten gewaltsam ums Leben gekommen war, und dann, weil auch bei dieser Gelegenheit wieder sich viele Römer hatten bestechen lassen. Und so luden die Senatoren Dion vor, den Leiter der Gesandtschaft, der noch am Leben war, und wollten von ihm die Wahrheit erfahren. Indes auch damals übte Ptolemaios mit Hilfe seines Geldes noch solchen Einfluß aus, daß Dion weder die Curie betrat, noch irgendwie des Todes der Ermordeten Erwähnung tat, solange wenigstens Ptolemaios im Lande war. Ja selbst als Dion späterhin gemeuchelt wurde, empfing der König nicht einmal dafür Strafe, vor allem aus dem Grunde, weil Pompeius ihn sowohl in sein Haus aufgenommen hatte als auch nachdrücklich unterstützte. Von den übrigen Alexandrinern wurden späterhin jedoch viele angeklagt, nur wenige aber überführt; denn die Zahl derer, die sich hatten bestechen lassen, war groß, und aus persönlicher Angst arbeiteten alle zusammen.»[37] Die Episode mit der alexandrinischen Gesandtschaft zeigt zum einen, mit welcher Brutalität Ptolemaios seine politischen Gegner bekämpfte, zum anderen wirft sie auch ein bezeichnendes Licht auf die chaotischen Zustände in Rom, wo – unter den Augen der Öffentlichkeit – Meuchelmörder gedungen, Gesandte erschlagen und vergiftet werden konnten, ohne dass der Auftraggeber zur Verantwortung gezogen wurde, weil er freigebig sein geliehenes Geld unter die Leute brachte und unter dem Schutz des Pompeius stand.

Die ägyptische Frage provozierte im römischen Senat und bei mehreren Volksversammlungen Anträge und Gegenanträge, jedoch keine Lösung. In dieser Pattsituation half den Gegnern eines militärischen Engagements Roms in Ägypten der Zufall, dem man vielleicht ein wenig nachgeholfen hatte: Eine Jupiterstatue auf dem Albanerberg soll vom Blitz getroffen worden sein und die daraufhin befragten Sibyllinischen Bücher geboten, dem ägyptischen König zwar die Freundschaft zu bewahren, ihm aber nicht mit militärischer Gewalt die Rückkehr nach Ägypten zu ermöglichen.[38] Daraufhin begab sich Ptolemaios XII., dessen Hoffnungen auf eine Lösung auf den Nullpunkt gesunken waren, Ende 57 v. Chr. nach Ephesos und wartete ab.

Die Situation war kompliziert: Im Grunde hätte Pompeius wohl selbst gern die militärische Rückführung des Ptolemaios übernommen [39]; am ehesten berechtigt zu einer solchen Aktion wäre der Konsul des Jahres 57 v. Chr. und Statthalter in Kilikien, L. Cornelius Spinther, gewesen, da er vom Senat explizit damit beauftragt worden war.[40] Im Sommer 56 v. Chr. gab ihm Cicero brieflich sogar spitzfindige Ratschläge, wie Spinther, ohne gegen den Spruch der Sibylle zu freveln, Ptolemaios zurückführen könnte, wovon Spinther sich freilich nicht zum Handeln ermutigen ließ.[41]

Eine Lösung brachte erst das gemeinsame Konsulat des Pompeius und des Crassus im Jahr 55 v. Chr. Nachdem Ptolemaios XII. wiederum umfangreiche Bestechungsgelder gezahlt oder doch zumindest versprochen hatte, schrieb Pompeius – in klarer Überschreitung seiner Befugnisse als Konsul – an A. Gabinius, den Prokonsul von Syrien, und forderte ihn auf, den König nach Alexandria zurückzubringen.[42] Einer der energischsten Förderer der Expedition war C. Rabirius Postumus, dessen gesamtes Vermögen auf dem Spiel stand: Er hatte Ptolemaios immer weiter mit Geld versorgt, um sich die Chance auf die Rückzahlung der früheren enormen Darlehenssummen zu erhalten; er hatte sogar selbst Gelder aufgenommen, um die gewaltigen Anleihen des Ptolemäer-Königs zu finanzieren.[43] Ungeachtet des juristisch fragwürdigen Auftrags, mögliche Bedenken wusste Ptolemaios durch das Versprechen von 10 000 Talenten zu zerstreuen, marschierte A. Gabinius durch Judäa, wurde von dem jüdischen Hohen Priester Hyrkanos II. und dem Idumäer Antipatros, dem Vater Herodes' des Großen, nachhaltig unterstützt[44] und besiegte das von Archelaos geführte Heer vor Alexandria. Entscheidenden Anteil an dem schnellen Erfolg hatte der etwa fünfundzwanzigjährige, schneidige Reitergeneral Marcus Antonius, der an der Spitze eines Vorauskommandos die Grenzfestung Pelusion eingenommen hatte.[45] Nach einer weiteren Schlacht am Nil war der ohnehin nur halbherzige Widerstand gebrochen: Ptolemaios XII. war wieder König in Ägypten.[46]

Während Antonius den in den Kämpfen gefallenen Archelaos ehrenvoll bestatten ließ, verfügte Ptolemaios XII. die Hinrichtung Berenikes IV. und vieler reicher Bürger, die ihre Herrschaft unterstützt hatten.[47] Wie Kleopatra die Hinrichtung der älteren Schwester auf Befehl ihres Vaters empfunden hat, wissen wir nicht; immerhin durfte die mittlerweile vierzehnjährige Kleopatra sich nun als die Älteste Hoffnungen auf die Nachfolge machen. Vorerst konzentrierten sich die Bemühungen Ptolemaios darauf, die enormen Schulden zurückzuzahlen. Rabirius Postumus kümmerte sich als Oberaufseher der ptolemäischen Finanzen persönlich um die Eintreibung seiner Gelder; er erhielt dafür vom König den Titel «Dioiketes»,[48] machte sich durch die Brutalität, mit der er Abgaben und Steuern eintrieb, jedoch so verhasst, dass ihn Ptolemaios vor der empörten Bevölkerung schützen musste. Der König nahm ihn zunächst in Schutzhaft und ließ ihn bald darauf nach Rom entkommen; traurig wird er über die Flucht seines Dioiketes wohl nicht gewesen sein.[49]

In Rom wurde im Jahre 54 v. Chr. A. Gabinius wegen Kompetenzüberschreitung («de maiestate») und wegen unerlaubter Bereicherung («de repetundis») angeklagt, von der Kompetenzüberschreitung zwar freigesprochen, im zweiten Prozess jedoch zur Zahlung der vom Ptolemäer-König zugesagten Bestechungssumme von 10 000 Talenten verurteilt. Gleichfalls wegen unerlaubter Bereicherung wurde Ende 54 v. Chr. Rabirius Postumus angeklagt; über den Ausgang dieses Prozesses wissen wir nichts.

In Ägypten regierte Ptolemaios XII. noch einige Jahre in relativer Ruhe: Es war ihm offensichtlich gelungen, die zu seinem Schutz von Gabinius zurückgelassenen römischen Truppen, zu denen auch Kontingente gallischer und germanischer Reiter gehörten, auf seine Seite zu ziehen. Die so genannten Gabiniani heirateten einheimische Frauen, passten sich kulturell an und verloren so ihre einstigen Bindungen an Rom. Wiederholt setzte der König die Gabiniani erfolgreich zur Niederschlagung lokaler Revolten ein; sie bildeten nur wenige Jahre später den kampfkräftigen Kern des ägyptischen Heeres, das im alexandrinischen Krieg Caesar so sehr in Bedrängnis bringen sollte.[50]

Das kulturelle Leben Alexandrias förderte der König nachhaltig; die Widmung an König Ptolemaios im Hippokrates-Kommentar des Appollonios von Kition ist ein Indiz, die Entstehung neuer philosophischer Schulen, insbesondere des Eklektizismus, ein weiteres.[51]

Als der König zu Beginn des Jahres 51 v. Chr. starb, hinterließ er vier Kinder: Kleopatra VII. (geb. 70/69 v. Chr.), Ptolemaios XIII. (geb. 61 v. Chr.), Ptolemaios XIV. (geb. wahrscheinlich 59 v. Chr.) und Arsinoë (IV.), deren Geburtsjahr wir nicht kennen. Die Bilanz seines politischen Lebens war durchaus zufrieden stellend: Das Ptolemäer-Reich war zwar auf das Kernland Ägypten zusammengeschrumpft, dennoch hatte der König sich und seinem Reich mit seiner zu gleichen Teilen skrupellosen wie klugen Politik eine eingeschränkte Selbständigkeit bewahren können. Die Regelung seiner Nachfolge bestätigt diese positive Einschätzung seiner illusionslosen, pragmatischen Politik. Schon im Jahr 52 v. Chr. hatte er seine älteste Tochter Kleopatra zur Mitregentin erhoben. In seinem Testament hatte er verfügt, dass Kleopatra gemeinsam mit ihrem ältesten Bruder regieren sollte: «Gleichzeitig beschwor der alte König in dem Vermächtnis das römische Volk im Namen der Götter und unter Berufung auf die mit ihm geschlossenen ‹foedera› [Vertrag von 59], für die Ausführung der Bestimmungen zu sorgen.»[52] Ein Exemplar des Testaments war in Alexandria verblieben, ein zweites, für das Aerarium in Rom bestimmtes, hatte Pompeius als Gastfreund des Ptolemaios XII. in seinem eigenen Haus verwahrt. Rom war durch dieses Testament, so dürfte Ptolemaios gehofft haben, als Schutzmacht verpflichtet, die nominelle Unabhängigkeit Ägyptens zu wahren und den Fortbestand der Ptolemäer-Dynastie zu garantieren.[53]

EINE KÖNIGIN OHNE MACHT

Über die ersten Regierungsjahre Kleopatras VII. sind wir nur sehr dürftig unterrichtet. Lediglich einige Papyri und Inschriften ermöglichen aufgrund der Datierung nach Regierungsjahren einige Rückschlüsse über die Machtkämpfe am Ptolemäer-Hof. Nachdem Kleopatra wohl persönlich bei der Inthronisation des neuen Buchisstieres (22. März 51 v. Chr.) zugegen war, gelang es ihr, den Bruder Ptolemaios XIII. aus der gemeinsamen Regierung zu verdrängen und für etwa achtzehn Monate allein zu regieren.[54] Signifikantes Indiz ist dafür die Zählung ihrer Regierungsjahre: Im ersten Halbjahr 51 v. Chr. wurde weiterhin nach dem 30. Jahr des Ptolemaios XII. datiert, dieses 30. Jahr jedoch mit ihrem ersten Jahr gleichgesetzt. Diese Datierung betonte zum einen die dynastische Kontinuität, zum anderen schloss sie den Bruder Ptolemaios – zumindest propagandistisch – von der Herrschaft aus. Mit ihrem neuen Titel, «Philopator» («Vaterliebende»), unterstrich Kleopatra die dynastische Kontinuität und die Absicht, die Politik ihres Vaters fortzusetzen.

Stammtafel II: Kleopatras Geschwister

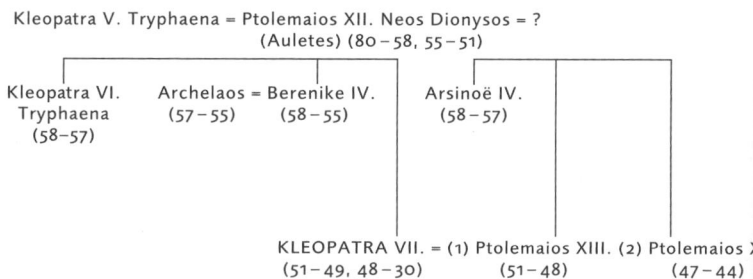

(Nach: Grant 1990, S. 375. Die Jahreszahlen beziehen sich auf die Regierungszeiten)

Kalksteinstele aus der Frühzeit der Regierung Kleopatras:
rechts der Pharao mit Doppelkrone, der Isis sein Opfer darbringt.

Im Herbst 50 v. Chr. jedoch hatte Ptolemaios XIII. offensichtlich wieder an Einfluss gewonnen: Ein Erlass vom 27. Oktober 50 v. Chr. nennt ihn als König vor der Königin Kleopatra. Später, nachgewiesen seit Juni 49 v. Chr., erscheinen dann auch Doppeldatierungen, in denen das Regierungsjahr 1 mit dem Regierungsjahr 3 gleichgesetzt wird; das heißt, Ptolemaios XIII. hatte wohl eine Datierung nach eigenen Regierungsjahren begonnen und diese Angabe der Zählung der Regierungsjahre seiner Schwester vorangestellt. Selbstverständlich war es nicht der elfjährige König selbst, der im Kampf um die Macht mit seiner Schwester konkurrierte, sondern eine Gruppe von hohen Würdenträgern am Ptolemäer-Hof. Die mächtigsten Männer dieser Gruppe waren der Eunuch Potheinos, offiziell «nutricius» («Pfleger») Ptolemaios' XIII. und seit 48 v. Chr. Dioiketes, und der Ägypter Achillas, über dessen offiziellen Titel die Quellen zwar schweigen, seine militärische Kommandogewalt jedoch übereinstimmend betonen. Diese beiden waren die offiziell bestellten Vormünder für den minderjährigen König. Der drittmächtigste Mann innerhalb dieses Regentschaftsrates war einer der Lehrer des jungen Königs, Theodotos von Chios.[55]

Der Erlass vom 27. Oktober 50 v. Chr. wie auch einige andere Dokumente erhellen zwar schlaglichtartig, wie schwierig die soziale und wirtschaftliche Situation in Ägypten war, wozu die brutalen Steuereintreibungen der letzten Jahre und der zu niedrige Wasserstand des Nils geführt hatten, ausführlicher werden die Nachrichten über Kleopatra und den Ptolemäer-Hof erst wieder in dem Moment, als Ägypten erneut in die innenpolitischen Auseinandersetzungen in Rom hineingerissen wurde.

Offensichtlich noch in der Zeit ihrer Alleinregierung hatte Kleopatra gezeigt, dass sie konsequent die Politik ihres Vaters fortzusetzen gedachte. Als der neue Statthalter Syriens 51 v. Chr. seine Söhne zu Kleopatra geschickt hatte, um die Gabiniani als Hilfe gegen noch in Syrien befindliche Einheiten der Parther zu erbitten, die Gabiniani diese aber erschlagen hatten, weil sie ihr bequemes Leben in Ägypten nicht aufgeben wollten, hatte Kleopatra energisch durchgegriffen: Sie ließ die für den Mord verantwortlichen Männer in Ketten legen und schickte sie zu Bibulus.

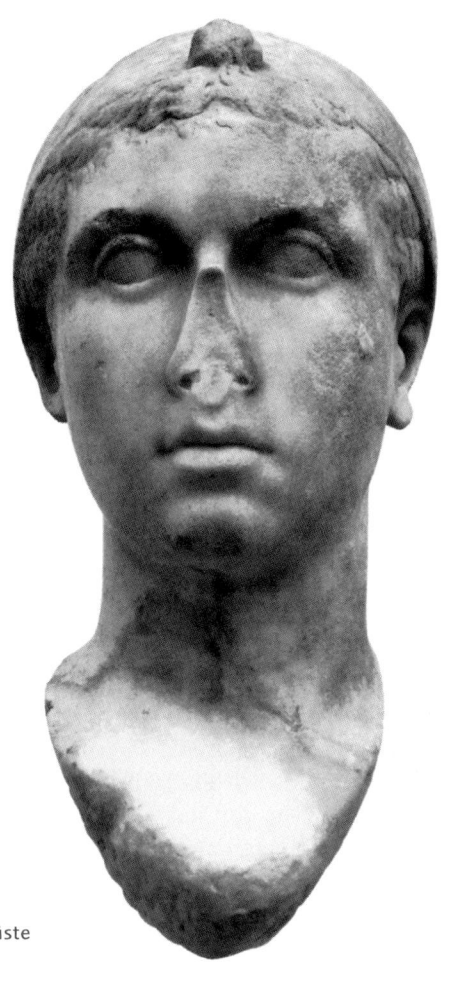

Kleopatra. Marmorbüste
(um 50 v. Chr.)

Die Königin hatte damit Mut und Konsequenz bewiesen: «Sie riskierte damit nicht nur, daß sich die ganze gabinische Armee gegen sie erhob, auch die zahlreichen mächtigen Alexandriner hätten sich einem solchen Aufstand anschließen können, denn sie hatten sich leidenschaftlich gegen die römerfreundliche Politik des Vaters der Königin [...] gestellt.»[56] Hinter der mutigen

Entscheidung Kleopatras, die Mörder der Bibulus-Söhne den Römern auszuliefern, steht die politische Erkenntnis ihres Vaters, dass die Herrschaft in Ägypten nur unter dem Schutz Roms gesichert war; andererseits machte sich Kleopatra mit dieser Entscheidung die gabinische Soldateska zu unversöhnlichen Gegnern.

In der ersten Jahreshälfte 49 v. Chr., am Ptolemäer-Hof war es wohl zu einem kurzfristigen Burgfrieden im Machtkampf zwischen Kleopatra und der Gruppe um Ptolemaios XIII. gekommen, erschien der ältere Sohn des Pompeius, Gnäus Pompeius, in Alexandria. Er bat um militärische Unterstützung für seinen Vater im römischen Bürgerkrieg, den Caesar in der Nacht vom 10. auf den 11. Januar des Jahres 49 v. Chr. mit dem Überschreiten des Rubicon eröffnet hatte. Aufgrund des zwischen Pompeius und Ptolemaios XII. herrschenden Freundschaftsverhältnisses («hospitium») war Ägypten zu dieser Hilfeleistung verpflichtet: Der Hof stellte Cn. Pompeius fünfhundert gallische und germanische Reiter der Gabiniani und fünfzig Kriegsschiffe zur Verfügung.[57]

Wohl noch im Sommer 49 v. Chr. gelang es dem Regentschaftsrat um Ptolemaios XIII., Kleopatra, die beim Besuch des Cn. Pompeius diesen noch mit ihrem Charme beeindruckt hatte, vollständig zu entmachten. Sie zog sich, wie eine späte Quelle bezeugt, zunächst in die Thebais zurück[58], musste aber schon wenig später, vielleicht zu Beginn des Jahres 48 v. Chr., nach Syrien fliehen. Von dort aus, so hoffte sie wohl, könnte sie ihre Herrschaft wiedererlangen.[59]

Kleopatra und Caesar

Königin von Caesars Gnaden

Noch während sich Kleopatra in der Thebais aufhielt, wurde Ptolemaios XIII. im Herbst 49 v. Chr. vom römischen Gegensenat in Thessalonike auf Empfehlung des Pompeius – und unter Missachtung der Bestimmungen im Testament des Ptolemaios XII. Auletes – offiziell als König Ägyptens anerkannt.[60] Kleopatra war nach Syrien geflohen, vermutlich begleitet von einigen Getreuen. Dort muss sie es geschafft haben, ein Heer anzuwerben; im Herbst 48 v. Chr. jedenfalls lagerte sie mit ihrer Armee in der Nähe von Pelusion, entschlossen, sich die Herrschaft mit militärischen Mitteln zurückzuerobern. Das Heer des Ptolemaios XIII. unter der Führung des Achillas lagerte nicht weit entfernt. Aber die Ankunft des Pompeius verhinderte zunächst den drohenden Bürgerkrieg in Ägypten.

Nach der entscheidenden Niederlage bei Pharsalos am 9. August 48 v. Chr. (vorjulianisch) gegen die zahlenmäßig weit unterlegenen Truppen Caesars war Pompeius mit etwa 2000 Soldaten nach Ägypten geflohen, kreuzte vor Pelusion und bat Ptolemaios XIII. als Sohn seines Gastfreundes um Unterstützung. Dieser Bitte konnte sich der König eigentlich nicht verweigern; andererseits galt es, zunächst mit dem vor der Grenzfestung Pelusion lagernden Heer Kleopatras fertig zu werden und sich nicht allzu tief in den römischen Bürgerkrieg hineinziehen zu lassen. Die Ankunft des Pompeius stellte den Regentschaftsrat um Ptolemaios vor ein Problem, mit dem er wohl nicht gerechnet hatte: «Als die wegen seiner Jugend mit der Verweserschaft betrauten Freunde des Königs dies hörten, gerieten sie, wie sie später behaupteten, in Furcht, wiegelten das Heer auf, Pompeius dürfe nicht Alexandria und Ägypten besetzen, oder mißachteten sein Unglück, wie ja meistens im Unglück Freunde zu Feinden werden. So gaben sie öffentlich seinen Abgesandten eine freundliche Antwort und luden ihn ein, zum König zu kommen. Nach gehei-

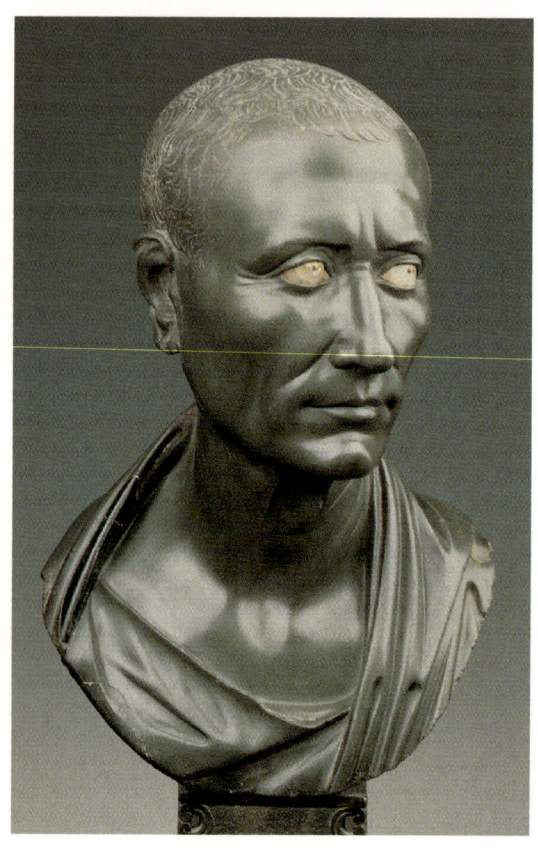

Julius Caesar.
Grüne Basanit-
büste (1. Hälfte
des 1. Jahr-
hunderts
n. Chr.)

mer Beratung aber schickten sie Achillas, einen hohen königlichen Beamten und verwegenen Menschen, und den Militärtribunen Lucius Septimius zur Ermordung des Pompeius aus. Von diesen gütig angeredet und durch eine gewisse Bekanntschaft mit Septimius, der im Seeräuberkriege bei ihm eine Centurionenstelle bekleidet hatte, verleitet, ging er mit nur wenigen an Bord eines ganz kleinen Nachens. Dort wurde er von Achillas und Septimius niedergestochen.»[61] Am 28. September 48 v. Chr. starb Pompeius, hinterhältig und unter Missachtung aller rechtlichen Verpflichtungen auf Befehl des Regentschaftrats und im Einvernehmen mit Ptolemaios XIII. ermordet; der Kopf wurde dem Leichnam abgehauen, sein Rumpf blieb am Strand liegen, bis ihn ein treuer Diener verbrannte.

Die politischen Hoffnungen, die der Regentschaftsrat und Ptolemaios an diese Untat knüpften, sollten sich nicht erfüllen. Wenige Tage nach der Ermordung des Pompeius traf Caesar, der schnell die Verfolgung des Pompeius aufgenommen hatte, mit einer kleinen Kriegsflotte und insgesamt 3200 Legionären und 800 Reitern in Alexandria ein (2. Oktober 48 v. Chr.). Noch bevor Caesar an Land ging, überbrachte ihm Theodotos von Chios den Kopf und den Siegelring des Pompeius; die Reaktion Caesars war nicht die vom Regentschaftsrat erwartete: «Caesar wandte sich ab. Als ihm Pompeius' Siegelring überbracht wurde, sollen ihm die Tränen gekommen sein. Er mag der ehemaligen Freundschaft, des alten Glanzes des Mannes, der so viele Siege erfochten, so viele Völker unterworfen hatte, gedacht, und dessen tragisches Ende mag ihn erschüttert haben. Aber es war wohl auch das jähe Abbrechen der Gegnerschaft, die ihn bald zwei Jahre lang in Atem und Spannung gehalten hatte, was ihn die Fassung kostete. Er hatte seinen Feind verloren.»[62] Und – so wird Caesar befürchtet haben – der Kampf gegen die Pompeianer war damit wohl noch nicht zu Ende.

Caesar segelte nicht wie von den Ägyptern erhofft weiter, sondern gab Befehl zur Landung und marschierte in der Amtstracht des römischen Konsuls, die Liktoren mit ihren Rutenbündeln voran, in die Stadt ein und nahm Quartier im königlichen Palast. Bereits dieser kurze Marsch durch die Stadt führte zu Tumulten: «[…] angeblich weil die Rutenbündel vorangetragen wurden. Dadurch werde, wie die ganze Menge laut äußerte, die königliche Würde geschmälert. Als dieser Auflauf unterdrückt war, spielten sich Tag für Tag ununterbrochen infolge Volksansammlungen Tumulte ab, und mehrere Soldaten wurden in den Straßen aller Stadtteile ermordet.»[63] Wie der spontane Aufruhr bei der Landung bereits zeigte, hatte Caesar sich auf «ein höchst ungewisses Abenteuer»[64] eingelassen, dessen Ausgang völlig offen war. Vielleicht hatte Caesar die Römerfeindlichkeit und den Unabhängigkeitswillen der Einwohner Alexandrias und auch des Regentschaftsrats unterschätzt; vielleicht waren die Winde auch wirklich so ungünstig, wie er selbst behauptete[65], obwohl ihn die Herbststürme nicht daran hinderten, Verstärkungen anzufordern. Caesar blieb jedenfalls in Alexandria und forderte die Restsumme der ihm einst von Ptolemaios XII. zugesagten 6000 Talente. Gleichfalls beanspruchte er, mit Verweis auf den während seines Konsulats geschlossenen Vertrag mit Ptolemaios XII. (59 v. Chr.), den Geschwisterstreit zwischen Kleopatra und Ptolemaios XIII. zu schlichten: Er forderte beide auf, ihre Armeen zu entlassen und persönlich vor ihm zu erscheinen. Ptolemaios XIII. kam zwar nach Alexandria, seine Armee, etwa 20000 Mann stark, stand jedoch weiter kampfbereit bei Pelusion; Kleopatra wollte ihre Sache persönlich vor Caesar vertreten.

Der Weg zu Caesar in den königlichen Palast war Kleopatra jedoch versperrt; da entschloss sie sich – es ging schließlich um die Krone Ägyptens, die ihr der Bruder und seine Anhänger verweigerten –, alles auf eine Karte zu setzen: «Die Prinzessin wählte aus ihrem Gefolge einen einzigen Begleiter, Apollodorus von Sizilien, und bestieg mit ihm einen kleinen Nachen, der bei einbrechender Dunkelheit in der Nähe des königlichen Palastes anlegte. Da sie sonst keine Möglichkeit sah, unentdeckt hineinzukommen, legte sie sich der Länge nach in einen Bettsack, Apollodorus schnürte ihn mit Riemen zusammen und trug das Bündel durchs Schloßtor zu Caesar hinein. Schon dieser listige Einfall, der Kleopatras mutwilliges Wesen verriet, gewann Caesars Herz, und vollends erlag er ihrer Anmut und dem Reiz ihres Umgangs.»[66] So begann nach dem Bericht Plutarchs, der sicherlich nicht verdächtigt werden kann, große Sympathien für Kleopatra zu hegen, die Liebesgeschichte zwischen der kaum zweiundzwanzigjährigen Ptolemäerin und dem zweiundfünfzigjährigen Caesar. Einiges hatte Kleopatra sicher schon von ihrem Vater über diesen Römer gehört; er war ein gewiefter politischer Taktiker, ein charismatischer Heerführer, der die halbe Welt erobert hatte, und er war, als wahrer Nachfahre der Venus, ein Frauenheld, über den die römische Gesellschaft so manche Anekdote zu erzählen wusste. Nun standen sie sich das erste Mal persönlich gegenüber, Kleopatra, die stolze Ptolemäerin, deren Vorfahren den Pharaonenthron Ägyptens zu einer Zeit bestiegen hatten, als Rom

Kleopatra vor Caesar. Stahlstich von J. C. Armytage
(1877) nach dem Gemälde von Jean-Léon Gérôme

noch eine Kleinstadt war und mit den umliegenden Städten Kriege führte, und Caesar, der Herr der halben Welt, «vom Geheimnis des Erfolgs umwittert»[67].

Leider kennen wir keine Einzelheiten über diese erste Begegnung der beiden, wir kennen nur das Ergebnis: Am anderen Morgen hatte Kleopatra Caesar für sich gewonnen. Mit ihrem persönlichen Mut, ihrer Intelligenz, ihrem Esprit sowie dem unwiderstehlichen Charme ihrer Persönlichkeit hatte Kleopatra Caesar wohl zutiefst beeindruckt, wie man aus dem summarischen Charakterporträt in der Antonius-Vita des Plutarch schließen darf: «[…] an und für sich war ihre Schönheit, wie man sagt, gar nicht so unvergleichlich und von der Art, daß sie beim ersten Anblick berückte, aber im Umgang hatte sie einen unwiderstehlichen Reiz, und ihre Gestalt, verbunden mit der gewinnenden Art ihrer Unterhaltung und der in allem sie umspielenden Anmut, hinterließ einen Stachel. Ein Vergnügen war es auch, dem Klang ihrer Stimme zu lauschen. Sie wußte ihre Zunge wie ein vielstimmiges Instrument mit Leichtigkeit in jede ihr beliebende Sprache zu fügen und bediente sich nur im Verkehr mit ganz wenigen Barbaren eines Dolmetschers; den meisten erteilte sie persönlich Bescheid, so den Äthiopiern, Troglodyten, Hebräern, Arabern, Syrern, Medern und Parthern. Noch vieler anderer Völker Sprachen soll sie verstanden haben, während die Könige vor ihr es nicht einmal fertiggebracht hatten, die ägyptische Sprache zu beherrschen, einige sogar das Makedonische verlernt hatten.»[68] Als politisches Ergebnis der ersten Begegnung und Gespräche zwischen Kleopatra und Caesar, die Kleopatra wohl nicht nur mit staatsrechtlichen Argumenten bestritten hat, entschloss sich Caesar, sie gemeinsam mit ihrem Bruder Ptolemaios XIII. als Herrscher über Ägypten einzusetzen. Damit hatte es Kleopatra geschafft, Caesar zum Sachwalter ihrer Interessen zu machen.

Die Schwierigkeiten Caesars, der sich mit nur schwachen Kräften in einer romfeindlichen Stadt befand, während ein ägyptisches, seinen Legionären fünffach an Zahl überlegenes Heer in Pelusion kampfbereit wartete, wurden durch diese in Alexandria unpopuläre Entscheidung noch größer, wie der lebendige Bericht des Cassius Dio zeigt: «Caesar sah und hörte sie einige

Worte sprechen und war sofort derart gefesselt, daß er alsbald noch vor Tagesanbruch Ptolemaios zu sich entbot und eine Versöhnung der Geschwister versuchte; dabei trat er als Anwalt gerade der Frau auf, über die als Richter zu entscheiden er zuvor beansprucht hatte. Aus diesem Grunde und weil er zu seiner Überraschung die Schwester schon innerhalb des Palastes sehen mußte, ward der Knabe von Zorn ergriffen, so daß er zum Volk hinauseilte und mit lauter Stimme erklärte, er werde verraten. Schließlich riß er sich das Diadem vom Haupt und warf es weg. Bei dem nun folgenden riesigen Tumult bemächtigten sich die Soldaten Caesars der Person des Fürsten, das ägyptische Volk aber verharrte im Aufruhr, sie bestürmten gleichzeitig von der Land- wie Seeseite aus den Königspalast und hätten ihn, da die Römer angesichts der bisher offensichtlich freundlichen Haltung der einheimischen Bevölkerung keine hinreichende Streitmacht zur Verfügung hatten, ohne weiteres eingenommen, wenn Caesar nicht in Furcht vor die Leute hinausgetreten und von einem sicheren Platz aus die Erfüllung aller Wünsche [zu]gesagt hätte. Anschließend erschien er in einer Volksversammlung, stellte dort Ptolemaios und Kleopatra an seine Seite und verlas das Testament ihres Vaters. Darin stand, sie sollten nach ägyptischer Sitte beieinander wohnen und gemeinsam herrschen, das römische Volk aber möge die Vormundschaft über beide führen. Dann fügte er noch hinzu, daß ihm als Diktator, der alle Gewalt des Volkes besitze, zustehe, sich um die Kinder zu kümmern und die Bestimmungen ihres Vaters auszuführen. Und so verlieh er beiden das Königtum, während er der Arsinoë und dem jüngeren Ptolemaios, ihren Geschwistern, die Insel Zypern zukommen ließ.»[69]

Das Verlesen des Testaments des Ptolemaios XII. und das wahrhaft generöse Geschenk der Insel Zypern, womit die Insel nach knapp zehnjähriger römischer Herrschaft wieder in den Besitz der Ptolemäer-Dynastie zurückkehrte, konnte die Gemüter in der Hauptstadt freilich nur für kurze Zeit besänftigen. Insbesondere Potheinos, der sich im königlichen Palast in der Nähe Caesars aufhielt, tat alles, die Versöhnungspolitik Caesars zu hintertreiben. Er schürte durch Boten weiter die romfeindlichen

Emotionen, hetzte die Bevölkerung auf und beorderte das Heer des Ptolemaios von Pelusion nach Alexandria: Damit war der Alexandrinische Krieg eröffnet und Caesar in größter Bedrängnis.[70]

Caesar nahm zwar Ptolemaios XIII. als Geisel in Gewahrsam, sah sich aber mit seinen schwachen Kräften in einer ihm feindlichen Stadt eingeschlossen von der 20000 Mann und 2000 Reiter starken ägyptischen Armee, deren schlagkräftigen Kern die Gabiniani bildeten. Er musste sich darauf beschränken, das Palastviertel abzuriegeln, den großen Hafen offen zu halten und auf Entsatz zu warten. Beinahe täglich kam es zu Kämpfen; die städtische Bevölkerung und die Armee des Achillas vereinten sich zu «einer alexandrinischen, nationalen Reaktion gegen ein drohendes römisches Provinzialregime»[71].

Die kriegerischen Auseinandersetzungen im Bereich des Hafens wurden mit besonderer Härte geführt: Caesar gelang es, die kleine Insel mit dem Leuchtturm Pharos zu besetzen, die im großen Hafen liegenden Schiffe ließ er verbrennen, damit sie nicht in die Hände der Ägypter fielen und gegen ihn eingesetzt werden konnten. Das Feuer griff rasend schnell von den Schiffen auf die Werften über und vernichtete schließlich auch große Bestände der berühmten, in Ufernähe gelegenen Museionsbibliothek, ein für die Wissenschaft unersetzlicher Verlust.[72]

Bibliothek von Alexandria
Die Bibliothek von Alexandria, begründet von Ptolemaios I. Soter, wurde zum Zentrum hellenistischer Wissenschaft und Forschung; berühmte Wissenschaftler, unter ihnen Demetrios und Kallimachos, wurden Mitarbeiter und Leiter der einzigartigen Bestände von vermutlich bis zu 700 000 Papyros-Rollen, die sie katalogisierten; dabei entwickelten sie zugleich wichtige Differenzierungen der Literatur.

Zu einer entscheidenden Veränderung der politischen Konstellation führte die Flucht Arsinoës, der jüngeren Schwester Kleopatras; gemeinsam mit dem Eunuchen Ganymedes gelang es ihr, aus dem Königspalast zum Heer des Achillas zu entkommen. Dort wurde sie sofort zur Königin (Arsinoë IV.) ausgerufen, wodurch der Aufstand neuen Auftrieb erhielt. Bald jedoch entbrannte Streit zwischen ihr und Achillas, der damit endete, dass Arsinoë Achillas beseitigen ließ und Ganymedes mit

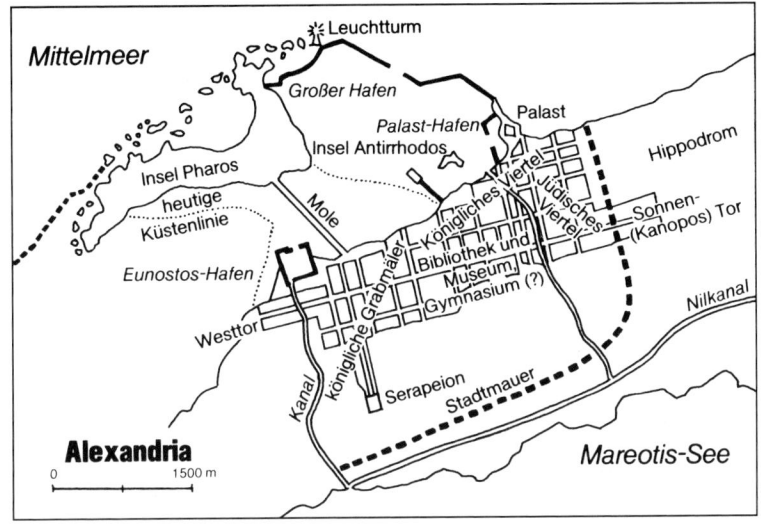

Alexandria zur Zeit der Kleopatra (nach Grant 1977, S. 53)

der weiteren Führung des Krieges beauftragte. Etwa zu dieser Zeit – leider bieten die Quellen keine präzisen Daten, sondern erlauben nur eine relative Chronologie der Ereignisse – ließ Caesar im königlichen Palast Potheinos hinrichten, der sich durch Nachrichten an Achillas als Verräter erwiesen hatte.[73]

Die Kämpfe wurden härter; vermutlich wussten auch die Ägypter, dass die Zeit gegen sie arbeitete. Zunächst versuchte Ganymedes, das Trinkwasser im Palastviertel mit Meerwasser zu verseuchen. Er ließ die unterirdischen Kanäle abriegeln und große Mengen Meerwasser in die höher gelegenen Stadtteile pumpen, damit es in die Trinkwasserleitungen des Palastes fließen konnte. Während sich bei seinen Legionären schon Verzweiflung auszubreiten begann, ließ Caesar Brunnen graben, und nach einer Nacht harter Arbeit verfügte er wieder über genügend Trinkwasser.[74] Als bald darauf die ersten Verstärkungen eintrafen, eine kleine Transportflotte mit der 37. Legion und Vorräten, versuchte Caesar sofort, seine Position weiter auszubauen. Der Versuch, die Insel Pharos und den dorthin führenden Damm, das

Heptastadion, einzunehmen, brachte ihn jedoch persönlich in größte Gefahr (schwimmend musste er sich zu seinen Schiffen retten[75]) und führte zu einem empfindlichen Rückschlag: «Sein purpurner Feldherrnmantel blieb als Siegestrophäe in den Händen der Feinde. 400 Legionäre und weit mehr Matrosen kostete die Schlappe.»[76]

Ungeachtet dieser Rückschläge und auch ungeachtet des politischen Misserfolgs der Freilassung des Ptolemaios XIII., der – zu seinem Heer zurückgekehrt – nicht an Friedensverhandlungen dachte, sondern sofort die Kampfhandlungen wieder aufnahm, arbeitete die Zeit weiter für Caesar. Sein Verbündeter Mithridates von Pergamon brachte mit seinem in Kleinasien aufgestellten Heer den ersehnten Entsatz und wurde dabei sowohl von einem Kontingent arabischer Reiter als auch von einer 3000 Mann starken Truppe der Juden unter dem Kommando des Antipatros, dem Vater des Herodes, wirksam unterstützt.[77] In der Nacht vom 25. auf den 26. März 47 v. Chr. (vorjulianisch) verließ Caesar mit seinen Truppen den Palast, vereinigte sein kleines Heer mit den Kräften des Mithridates und besiegte am darauf folgenden Tag das Heer des Ptolemaios XIII. entscheidend; mit vielen seiner Soldaten fand auch Ptolemaios – vielleicht auf der Flucht – den Tod. Bald darauf zog Caesar als strahlender Sieger in Alexandria ein; der Alexandrinische Krieg war beendet und der Weg frei für eine neuerliche Regelung der Machtverhältnisse: «So bezwang Caesar Ägypten, er machte es aber nicht den Römern untertänig, sondern gab es Kleopatra zum Geschenk, derentwegen er ja auch den Krieg geführt hatte. Doch da er fürchtete, die Ägypter möchten sich, weil der Herrschaft einer Frau überantwortet, erneut erheben und dies sowie auch ihr Zusammenleben mit ihm das Mißfallen der Römer erregen, befahl er Kleopatra, wenigstens zum Schein ihren anderen Bruder zu heiraten, und übertrug beiden – dem Namen nach – die Königswürde. Denn in Wirklichkeit sollte sie die gesamte Macht in Händen haben; war doch ihr Gemahl noch ein Knabe, und was sie anlangte, so gab es angesichts von Caesars Zuneigung kein Ding, das sie nicht durchzusetzen vermochte. So war das Zusammenleben mit ihrem Bruder und die gemeinschaftliche Regierung mit ihm ein bloßer Schein, den sie hinnahm, in Wahrheit war sie Alleinherrscherin und verbrachte ihre Tage mit Caesar.»[78] Diese Beurteilung durch Cassius Dio soll nicht darüber hinwegtäuschen, dass eine solche Regelung der ägyptischen Verhältnisse durchaus den Bestimmungen des Testaments Ptolemaios' XII. entsprach und darüber hinaus politisch die Interessen Kleopatras und Roms berücksichtigte. Durch die drei Legionen, die Caesar unter dem Kommando des kampferprobten, zuverlässigen Offiziers Rufio, dem Sohn eines Freigelassenen, in Alexandria als Besatzung zurückließ, blieb er beziehungsweise Rom faktisch die zentrale Militärmacht in Ägypten, die Caesar alle Optionen offen hielt und zunächst die Herrschaft Kleopatras sicherte. Kleopatra, die sich während der monatelangen Kämpfe in und um Alexandria weitgehend mit der ungeliebten Rolle einer Zuschauerin hatte zufrieden geben müssen, regierte nun ihr Königreich, dessen Finanz- und Wirtschaftskraft durch die Rückgewinnung Zyperns entscheidend gestärkt war, de facto als «römisches Protektorat»[79].

POLITIK UND LIEBE

Nur wenige Tage nach der Inthronisation des Herrscherpaars, so die früheste Notiz im «Bellum Alexandrinum» (33,4), hatte Caesar Alexandria bereits verlassen; vor oder nach der Inthronisation blieben Caesar und Kleopatra wohl nur einige Tage, sich des Sieges und ihrer Liebe zu erfreuen. Ob sie diese Tage zu einer ausgedehnten Nilreise nutzten, von der vornehmlich die spätere Überlieferung zu berichten weiß[80], darf wohl angezweifelt werden, wie insbesondere die Überlegungen von Manfred Clauss nahe legen: «Nach Sueton, der 170 Jahre nach Caesars Aufenthalt in Alexandria schrieb, wollte Caesar mit dem ägyptischen Staatsschiff zu einer Nilreise aufbrechen; er sei allerdings durch die Weigerung seines Heeres, ihm zu folgen, daran gehindert worden, die Reise bis zum Ende zu führen [...]. Wiederum 30 Jahre später, wir sind jetzt schon zwei Jahrhunderte von den Ereignissen entfernt, zeigt Appian Caesar mit einer Flotte von 400 Schiffen auf dem Nil [...]. So romantisch auch die Vorstellung einer solchen Liebesfahrt unter ägyptischer Sonne sein mag, sie hat wohl nie stattgefunden.»[81]

Relief an der Rückwand des Hathortempels in Dendera:
Kleopatra und Kaisarion opfern den Göttern.

Als Caesar wohl etwa Mitte April 47 v. Chr. Alexandria auf dem Landwege verließ, war Kleopatra im siebten Monat schwanger.[82] Während Caesar in einen Blitzkrieg gegen den Pompeianer Pharnakes, Sohn des Mithridates VI. und König des Bosporanischen Reiches, zog, diesen am 2. August bei Zela vernichtend schlug und die berühmte Siegesmeldung «veni, vidi, vici» («ich kam, ich sah, ich siegte») an den römischen Senat sandte, gebar Kleopatra – nach der Inschrift einer demotischen Stele[83] – am 23. Juni 47 einen Sohn, den «Pharao Kaisar». Pharaotitel und Caesarname akzentuieren unmissverständlich die politische Botschaft Kleopatras, deren neugeborener Sohn Ptolemaios damit als zukünftiger Pharao und zugleich als Erbe Caesars deklariert wurde. Caesars Vaterschaft wurde zwar von modernen Historikern bestritten, wahrscheinlich jedoch grundlos. Ab 43 v. Chr. verkündeten die hieroglyphischen Denkmäler Ägyptens offiziell die Vaterschaft Caesars, die Alexandriner betonten diese durch das Patronymikon «Kaisarion» («Caesarsohn»), und selbst Caesar sprach in Rom, freilich nur im engsten Freundeskreis und äußerst diskret, über seinen Sohn.[84] Vielleicht gehört die merkwürdige Notiz Suetons über ein in Vorbereitung befindliches Gesetz, das Caesar – neben der kinderlos gebliebenen Ehe mit Calpurnia – weitere gesetzliche Ehen gestatten sollte, um männliche Nachkommen zu erhalten, in diesen Kontext, da so auch die Verbindung zu Kleopatra hätte legalisiert werden können.[85]

KLEOPATRA IN ROM

Im Juli 46 v. Chr. feierte Caesar mit großem Prunk einen vierfachen Triumph über Gallien, Pontos, Mauretanien und Ägypten. Arsinoë (IV.), die Schwester Kleopatras, die in Alexandria als Heerführerin gegen Caesar im Felde gestanden hatte, wurde im Triumph mitgeführt, dann wurde sie, die das Mitleid der Volksmenge erregt hatte, freigelassen.[86]

Wenig später kamen Kleopatra und ihr Brudergemahl Ptolemaios XIV. als geladene Gäste nach Rom und wurden von Caesar in seiner Privatvilla jenseits des Tibers untergebracht. Offizieller Anlass des Besuchs waren Verhandlungen über ein förmliches Bündnis mit Ägypten und die Ernennung der ägyptischen Herr-

Kleopatra überrascht Caesar. Aus: «Der Sohn des Asterix» von R. Goscinny/A. Uderzo

scher zu «reges socii et amici populi Romani» («verbündete Könige und Freunde des Römischen Volkes»).[87] Verständlicherweise provozierte der Besuch Kleopatras in Rom die unterschiedlichsten Reaktionen: Die einen nahmen übel, dass Caesar in seiner Amtswohnung mit seiner Gemahlin Calpurnia lebte und zugleich mit der Geliebten, die nur gute fünfzehn Minuten entfernt in seiner Villa residierte, sein Liebesverhältnis fortsetzte.[88] Andere waren fasziniert von den weit gespannten Interessen, dem Esprit und dem gewinnenden Charme der ägyptischen Königin, und selbst einer ihrer grimmigsten Gegner, Cicero, bestätigt ihre literarischen Interessen. Schnell wurden ihre Empfänge und Gartenfeste zum Treffpunkt der römischen Gesellschaft, wo diese sowohl den verschwenderischen Luxus der Bankette als auch die rhetorischen Glanzstücke von Kleopatras Lieblingsphilosoph Philostratos oder die Darbietungen des berühmten Sängers Hermogenes genoss.

Als Caesar, der seine Geliebte kriegsbedingt für mehr als ein Jahr hatte allein lassen müssen, im Oktober 45 nach Rom zurückkehrte, erwies er ihr seine Reverenz durch ein einzigartiges, beispielloses Präsent: «[e]r ließ eine goldene Statue der Kleopatra, die die Inkarnation der Göttin Aphrodite, der römischen Venus, war, im neu erbauten Tempel der Venus auf dem Caesarforum aufstellen, jener Venus Genetrix, welche als Schutzgöttin der Familie Caesars galt.»[89] Und Caesar erkannte den kleinen Kaisarion, der seine Mutter vielleicht nach Rom begleitet hatte, als seinen Sohn an, was nach römischem Recht freilich bedeutungslos blieb, da nur Kinder aus legitimen Ehen erbberechtigt waren. Vielleicht empfing Kleopatra in Rom nochmals ein Kind von Caesar, eine schwer verständliche Bemerkung in einem Brief Ciceros an Atticus (14,20,2) könnte auf eine Fehlgeburt Kleopatras hindeuten. Vielleicht lassen sich auch einige Ideen der monarchischen Selbstinszenierung Caesars auf den Einfluss Kleopatras zurückführen, Genaueres wissen wir leider nicht.[90]

Sicher hingegen ist, dass ein griechischer Astrologe aus dem Gefolge der Kleopatra, Sosigenes, die Berechnungen lieferte, die Caesar seiner berühmten Kalenderreform zugrunde legte.[91] Und sicher ist auch, dass Kleopatra etwa einen Monat nach der Ermordung Caesars (15. März 44 v. Chr.) mit ihrem Brudergemahl Rom verließ; sie hatte mit Caesar ihren Geliebten und ihren stärksten politischen Rückhalt verloren; ihre Hoffnungen, in Rom die Anerkennung Kaisarions als einziger männlicher Erbe Caesars zu erlangen, hatten sich nicht erfüllt. Wenn die Abreise der ägyptischen Königin angesichts der chaotischen Verhältnisse und der drängenden politischen Konflikte in Rom überhaupt bemerkt wurde, so wurde sie mit Erleichterung oder gar tief empfundener Freude kommentiert, wie zwei Briefe Ciceros an Atticus bezeugen: «Daß die Königin verduftet ist, kann mir nur recht sein.»[92] Wenig später, am 13. Juni 44 v. Chr., hält Cicero resümierend fest: «Die Königin hasse ich, und daß ich recht daran tue, weiß Antonius, der sich für ihre Versprechungen verbürgt hat; es handelt sich um literarische Dinge, wie sie meiner Stellung entsprechen, und ich könnte sogar vor dem Volke ungeniert davon sprechen. [...] Und nun gar der Hochmut der Königin selbst, als sie in den Gärten jenseits des Tiber residierte! Davon kann ich nur mit größter Erbitterung reden. Mit denen will ich also nichts zu tun haben. Sie meinen wohl, ich hätte keinen Mut, ja kaum einmal Galle.»[93]

Kleopatra im römischen Bürgerkrieg

Kleopatra war, nachdem sie an der Bestattungsfeier Caesars am 20. März wohl noch teilgenommen und die berühmte Leichenrede des Antonius gehört hatte, gemeinsam mit ihrem Brudergemahl Ptolemaios XIV. nach Alexandria abgereist. Ein Papyrus aus Oxyrhynchus, datiert auf den 26. Juli 44 v. Chr., erwähnt noch beide Herrscher; kurze Zeit später war Ptolemaios XIV. tot. Der jüdische Geschichtsschreiber Flavius Josephus, sicherlich kein Freund der ägyptischen Königin, machte Kleopatra dafür verantwortlich: Sie hätte ihren Brudergemahl mit Gift beseitigt.[94] Den kleinen dreijährigen Kaisarion erhob Kleopatra umgehend zum Mitregenten; in den Aktpräskripten erscheint die Mutter vor ihrem Sohn Ptolemaios XV. Kaisar, dessen Kulttitulatur «Vater-Liebende und Mutter-Liebende Gottheit» («Theos Philopator kai Philometor») demonstrativ auf seine leiblichen Eltern Caesar und Kleopatra verwies. Wie bemüht Kleopatra darum war, den kleinen Kaisarion als späteren Nachfolger und Erben der Öffentlichkeit zu präsentieren, dokumentiert auch eine Kolossalstatue der Königin als ägyptische Gottheit Hathor im Tempel von Dendera, die sie gemeinsam mit dem Knaben Kaisarion als Pharao zeigt. So wird es Kleopatra auch als einen nicht kleinen Erfolg gewertet haben, als ihr Sohn 43 v. Chr. – als Gegenleistung für ihm zur Verfügung gestellte Soldaten, Schiffe und Gelder – von einem Heerführer der Caesarianer, P. Cornelius Dolabella, offiziell als Mitregent und König Ägyptens anerkannt wurde.[95]

Während Kleopatra die turbulenten, verwirrenden Ereignisse in Rom zeitversetzt und aufgrund nicht immer zuverlässiger Nachrichten wohl auch nur fragmentarisch verfolgte, versuchte sie ihre Position in Ägypten weiter zu sichern, obwohl sie sich zweifellos darüber klar war, dass auch ihr Schicksal in den römischen Auseinandersetzungen entschieden wurde.

Die vierziger Jahre waren für die ägyptische Landwirtschaft harte Jahre gewesen; die Nilüberschwemmungen waren schon 48 v. Chr. sehr viel schwächer als gewöhnlich ausgefallen, 43 und 42 v. Chr. sollen sie sogar ganz ausgeblieben sein; Hungersnöte und Seuchen wie die Beulenpest waren die Folge. Darüber hin-

aus waren offenbar auch die Nilka-
näle vernachlässigt und nicht regelmäßig vom Schlamm gereinigt worden, was die Lage verschlimmerte,
obwohl Kleopatra die königlichen
Getreidespeicher öffnen und Getreide an die Bürger Alexandrias vertei-
len ließ. Einige der Probleme hatten
lokale Beamte, insbesondere die ein-
flussreichen Gaustrategen in Ober-
ägypten, weitgehend unabhängig
vom Königshof entschärft, wie exemplarisch eine Inschrift zu Ehren
des Kallimachos bezeugt.[96] Die
Amon-Priester in Theben und weitere lokale Amtsträger rühmten Kallimachos, den Strategen und Epistrate-
gen der Thebais, der alles getan habe,
um die schlimmsten Folgen der Hun-
gersnot und der Pest zu mildern, und
ehrten ihn mit dem Titel «Soter (Ret-
ter) der Stadt» und Statuen aus Gold
und Marmor. Der erfolgreiche Stratege war, so Günther Hölbl, «im Be-
wusstsein des Volkes von Theben an
die Stelle eines wohltätigen Königs
getreten»[97]. Dies wie auch die weit
gehende Unabhängigkeit der Gaustrategen, Kallimachos war wohl

Kaisarion (?).
Teil einer Basaltstatue

kein Einzelfall, musste Kleopatra missfallen, die in den nächsten
Jahren daher alles daran setzte, die Verwaltung von Alexandria
aus neu und effizient zu organisieren, um die landwirtschaft-
lichen Erträge und damit auch die Wirtschaftskraft Ägyptens entscheidend zu steigern. Wie insgesamt das Alltagsleben von den
antiken Historikern weit gehend unbeachtet blieb, sind auch
die Informationen der Geschichtsschreiber über den herrscherlichen Alltag Kleopatras höchst spärlich, «[s]ymptomatisch sind

die Schilderungen ihres Hofes als Ort der Orgien und des Amüsements. Daß er auch das Zentrum einer differenzierten und effizienten Bürokratie bildete, bleibt unerwähnt.»[98] Nur wenige erhaltene Inschriften und Papyri vermitteln jeweils schlaglichtartig und fragmentarisch Einblicke in die Rechtsprechung, das Steuer- und Abgabenwesen und den Umgang der Königin mit ihren Beamten und Untertanen. Ein inschriftlich erhaltenes Dekret, datiert auf den 13. April 41, also noch im zeitlichen Kontext der Hungersnöte, zeigt, wie Kleopatra – und nominell Ptolemaios XV. Kaisar – einen Zwist zwischen lokalen Beamten und einigen Bürgern Alexandrias, die sich wegen behördlicher Übergriffe an die Königin gewandt hatten, entschieden: *Königin Kleopatra, Vater-Liebende Gottheit, und König Ptolemaios, der auch Kaisar genannt wird, Vater-Liebende, Mutter-Liebende Gottheit, an den Strategen des Herakleopolitischen Bezirks, Gruß! Laßt das angefügte Dekret zusammen mit dem königlichen Schreiben in die griechische und die einheimische Sprache übertragen und in der Hauptstadt sowie in den wichtigsten Orten des Bezirks öffentlich aufstellen und veranlaßt, daß auch alles übrige nach unseren Befehlen geschieht! Lebt wohl! Jahr 11. Daisios 13, das ist Pharmouthi 13 [13. April 41].*

An Theon. Diejenigen aus der Stadt [Alexandria], die Landwirtschaft im Bezirk von Prosopis und Bubastis betreiben, haben sich in einer Audienz mit einer Petition am 15. Phamenoth [15. März] gegen die Beamten der zehn Bezirke [Unterägyptens] an uns gewandt, indem sie vortrugen: Entgegen unserem Willen und den Befehlen, die wiederholt in Übereinstimmung mit unserer Entscheidung verschickt worden sind von denen, die der Verwaltung vorstehen, daß nämlich niemand von diesen [Alexandrinern] mehr fordern darf als die Verpflichtungen, die sie gegenüber dem Herrscher zu leisten haben, versuchten sie [die Beamten der Bezirke] gesetzwidrig zu handeln, und diese [Alexandriner] unter diejenigen einzureihen, die Verpflichtungen gegenüber dem Land und dem Bezirk haben, was aber nicht zutrifft. Wir [Kleopatra und Ptolemaios] sind außerordentlich empört und sehen es für richtig an, daß eine generelle und universelle Anordnung die ganze Angelegenheit betreffend ergeht, und wir haben beschlossen: Alle aus dieser Stadt [Alexandria], die landwirtschaftliche Tätigkeit im Umland ausüben, sollen weder wie andere den Anforderungen für Kranzgeld [Sonderabgabe an

*den Herrscher] und Steuern für Notfälle unterworfen sein, wie sie von
Zeit zu Zeit und zu besonderen Anlässen in den Bezirken erhoben werden können, noch sollen ihre Güter für solche Beiträge beschlagnahmt
werden, noch soll irgendeine neue Steuer von ihnen verlangt werden.
Wenn sie einmal die von ihnen geforderte Steuer bezahlt haben, in Waren oder in Geld, für die Getreide- oder die Weinanbaufläche, die in der
Vergangenheit regelmäßig der königlichen Kasse überwiesen worden
ist, dann sollen sie wegen anderer Dinge nicht weiter belästigt werden,
unter keinem Vorwand auch immer. Sieh zu, daß entsprechend verfahren wird und daß dieser Text öffentlich publiziert wird gemäß dem Gesetz!*[99]

Während Kleopatra in Alexandria entschlossen und tatkräf-
tig die Lage ihres Landes und damit auch ihre Herrschaft stabilisierte, eskalierten in Rom und Italien die Auseinandersetzungen
zwischen den Caesar-Mördern und ihren Gegnern zu einem
förmlichen Bürgerkrieg. In den Monaten unmittelbar nach der

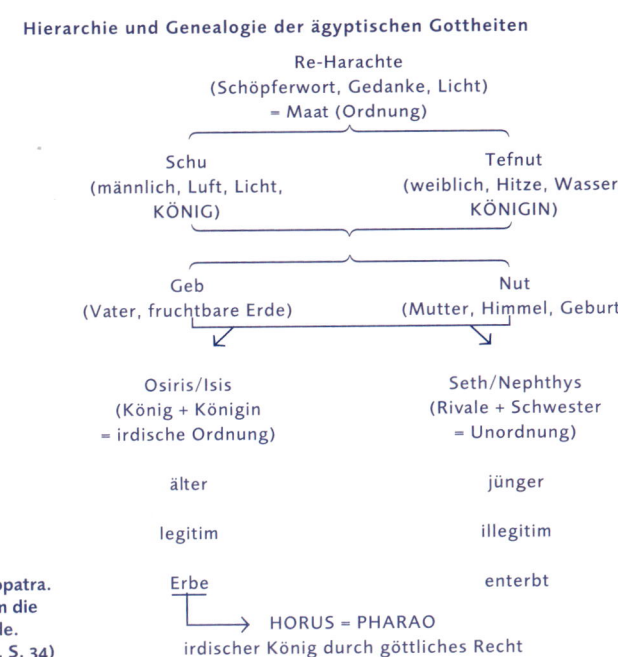

Hierarchie und Genealogie der ägyptischen Gottheiten

Re-Harachte
(Schöpferwort, Gedanke, Licht)
= Maat (Ordnung)

Schu
(männlich, Luft, Licht,
KÖNIG)

Tefnut
(weiblich, Hitze, Wasser,
KÖNIGIN)

Geb
(Vater, fruchtbare Erde)

Nut
(Mutter, Himmel, Geburt)

Osiris/Isis
(König + Königin
= irdische Ordnung)

Seth/Nephthys
(Rivale + Schwester
= Unordnung)

älter

jünger

legitim

illegitim

(Nach: Kleopatra.
Ägypten um die
Zeitenwende.
Mainz 1989, S. 34)

Erbe

enterbt

→ HORUS = PHARAO
irdischer König durch göttliches Recht

Kleopatra als verführerische Eva.
Kupferstich von Barthel Beham (1502 – 40)

Ermordung Caesars agierte in Rom der Konsul Marcus Antonius de facto als Alleinherrscher; als eine der vielen Maßnahmen, die den Osten des Reiches und damit die unmittelbaren Interessen Kleopatras berührten, wurde Zypern offiziell dem Ptolemäer-Reich wieder eingegliedert, die faktische Herrschaft wurde – sicherlich nicht zur Freude Kleopatras – ihrer Schwester Arsinoë übertragen. Als die Situation im Westen immer unübersichtlicher wurde, sah Kleopatra im Frühjahr 43 v. Chr. die Chance, sich wieder in den Besitz Zyperns zu setzen. Sie entsandte eine Flotte unter dem Strategen Serapion gegen ihre Schwester, diese konnte jedoch in den Artemistempel von Milet entkommen, wo ihr der dortige Priester Asyl gewährte. Mitte 43 v. Chr. hatte Kleopatra offensichtlich die Kontrolle über Zypern wiedergewonnen, wie zyprische Münzemissionen belegen, die auf der Vorderseite die Königin mit Diadem und Zepter und mit einem Kleinkind an der Brust zeigen, womit sich Kleopatra zur Isis, die ihr Kind, Horus, stillt, stilisiert. Angesichts dieser augenfälligen propagandistischen Inszenierung, die Kaisarion wie Horus zum Rächer seines Vaters erhob, muss es für Kleopatra wie ein Schlag ins Gesicht gewirkt haben, als ihre Flotte unter dem Kommando Serapions zu dem Caesar-Mörder C. Cassius überlief. Die vier in Ägypten stationierten römischen Legionen – die von Caesar zurückgelassenen drei waren zwischen 47 und 44 um eine weitere ergänzt worden – hatte Kleopatra als Unterstützung dem Caesarianer P. Cornelius Dolabella nach Kleinasien zu Hilfe geschickt, aber auch diese Truppen waren in Syrien zu Cassius übergelaufen. Ein Geschwader, das die Königin zu Dolabella schicken wollte, wurde von widrigen Winden im Hafen festgehalten. Nach dem Selbstmord Dolabellas im Juli 43 v. Chr. und weiteren Erfolgen der Caesar-Mörder Brutus und Cassius im Osten, wandte sich Cassius direkt an die ägyptische Königin und forderte die Hilfe der ägyptischen Flotte, eine Forderung, die Kleopatra ausweichend beantwortete, aber nicht erfüllte. Sie blieb – wie auch kaum anders denkbar – ihrer politischen Linie treu und setzte ihre Hoffnungen auf die Caesarianer; mit ihrer Flotte wollte sie den inzwischen verbündeten Caesarianern Antonius und Oktavian, dem Großneffen Caesars, der im Testament des Imperators sowohl zum Haupterben eingesetzt als auch adoptiert worden war, persönlich zu Hilfe eilen. Die Flotte geriet jedoch vor der libyschen Küste in einen verheerenden Sturm – noch Wochen später trieben Wrackteile auf dem Meer –, sodass Kleopatra, die zudem noch erkrankt war, nichts anderes übrig blieb, als mit den Resten ihrer Flotte nach Alexandria zurückzusegeln.

Kleopatra und Antonius

ROM: VON CAESARS ERMORDUNG BIS ZUM ZWEITEN TRIUMVIRAT

Unmittelbar nach der Ermordung Caesars war Marcus Antonius, der langjährige Gefährte und kampferprobte General Caesars, als Konsul quasi Alleinherrscher in Rom. Mit seiner amtlichen und persönlichen Autorität konnte Antonius zunächst bewaffnete Auseinandersetzungen verhindern. Seine berühmte Leichenrede, vielleicht weniger agitatorisch geraten, als Cicero ihm vorwirft [100], war Anlass für die Entscheidung der Caesar-Mörder, noch in der ersten Aprilhälfte Rom zu verlassen. Wenn auch der Konsul den brieflichen Kontakt zu den Caesar-Mördern, insbesondere zu Marcus Brutus, nicht abreißen ließ, so war das Verhältnis zu den Republikanern von Anfang an äußerst gespannt; in den prominenten Caesarianern Lepidus, Dolabella, Calpurnius Piso, Hirtius und Pansa musste Antonius wohl ebenfalls von Anfang an Rivalen im sich immer deutlicher ankündigenden Machtkampf in Rom sehen, eine Rivalität, die durch die selbstherrlichen Maßnahmen des Antonius neue Nahrung erhielt. Dass Antonius die Ansprüche der caesarischen Veteranen mit den Geldern Caesars befriedigen musste, fand wohl noch die ungeteilte Zustimmung der übrigen Caesarianer, dass Antonius jedoch unter Berufung auf die «acta Caesaris» – hinterlassene schriftliche Anweisungen Caesars –, in deren Besitz sich Antonius gesetzt hatte, Verbannte zurückberief, Kreta Abgabenfreiheit gewährte

Triumvirat
Ursprünglich die Bezeichnung für Dreimännerkollegien («triumviri») für verschiedene Aufgaben römischer Jahresbeamter (Beispiel: die für die Münzprägung zuständigen «tresviri monetales») oder außerordentlicher Magistrate. Sie hat sich für das private Geheimbündnis zwischen den drei mächtigsten Männern Roms, Pompeius, Caesar und Crassus, durchgesetzt. Im Unterschied dazu war das Bündnis zwischen Antonius, Oktavian und Lepidus des Jahres 43 v.Chr. («tres viri res publicae constituendae») zur Wiederherstellung der Römischen Republik eine staatsrechtlich durch die «lex Titia» legitimierte Institution.

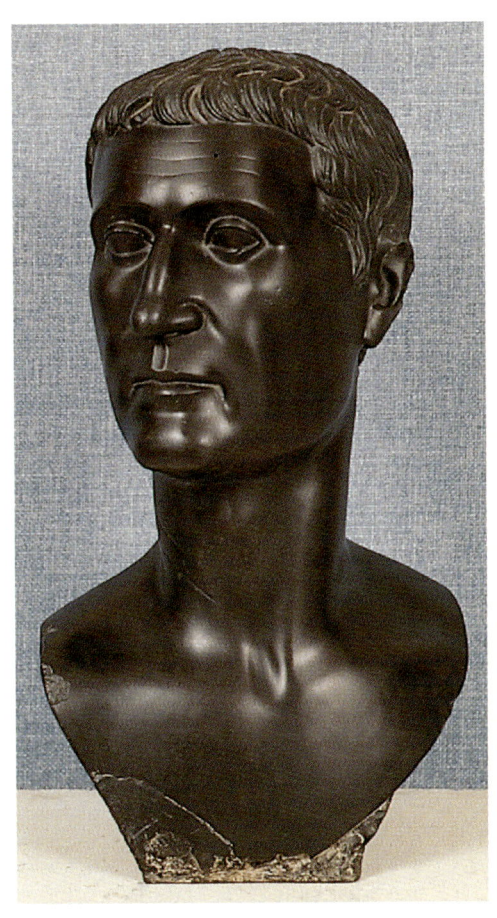

Marcus Antonius (?).
Grüne Basaltbüste

und den Einwohnern Siziliens das römische Bürgerrecht verlieh, muss die Caesarianer genauso alarmiert haben wie seine übrigen Standesgenossen. Antonius setzte offensichtlich alles daran, seine Klientel und damit seinen Einfluss zu vergrößern. Darüber hinaus hatte sich der Konsul schon im April eine bewaffnete Leibwache bewilligen lassen, und Ende Mai erschien Antonius mit einer Garde von 6000 schlachterprobten Veteranen in Rom, einer Leibwache in der Stärke einer vollen Legion. Die Bevölkerung

Roms wird sich wohl angesichts dieser Truppenkonzentration in der Stadt voller Schrecken an die Ereignisse des Jahres 47 v. Chr. erinnert haben, als Antonius mit seinen Truppen Unruhen auf dem Forum blutig unterdrückt hatte, und die übrigen Caesarianer wird spätestens die «lex de permutatione provinciarum» von den außerordentlichen Machtansprüchen des Antonius überzeugt haben. Dieses Gesetz übertrug Antonius die Provinzen Gallia Cisalpina und Gallia Comata anstelle der Provinz Macedonia; das heißt, Antonius verfügte über die Italien nächstgelegenen Provinzen und deren Legionen, und er hatte sich zugleich das Recht gesichert, die für den geplanten Partherkrieg Caesars bereits in Macedonia zusammengezogenen Legionen nach Gallien zu verlegen.

In dieser politisch explosiven Situation erschien im Mai 44 v. Chr. der neunzehnjährige Großneffe und von Caesar testamentarisch adoptierte Oktavian in Rom. Dieser hatte im illyrischen Apollonia von der Ermordung Caesars erfahren, sich unverzüglich nach Brundisium begeben und war dort von den für den Partherkrieg bereitstehenden Legionen als Sohn und Erbe Caesars begeistert empfangen worden. Mit der Kriegskasse Caesars, dem ihm übergebenen Tribut der Provinz Asia und dem Rückhalt bei den Legionen hatte sich Oktavian schnell die Machtbasis verschafft, die es ihm erlaubte, in Rom vor dem Stadtprätor C. Antonius die Erbschaft Caesars anzunehmen. Marcus Antonius, der in den ersten Maiwochen seine Veteranengarde zusammengestellt und sich nicht in Rom aufgehalten hatte, fand daher bei seiner Rückkehr Ende Mai in Oktavian bereits einen ernst zu nehmenden Rivalen vor, der über gute Beziehungen zu den übrigen Caesarianern und auch zu Cicero verfügte. Ein erstes Gespräch, in dem Oktavian von Antonius die Herausgabe der Gelder Caesars verlangte, endete unerfreulich, aber noch nicht mit einem offenen Eklat. Antonius versuchte seinen Rivalen mit juristischen Tricks hinzuhalten, und Oktavian, der sich die Unterstützung der Geldgeber und Finanzexperten Caesars gesichert hatte, ging in die propagandistische Offensive. Er verkaufte die ihm vererbten Ländereien Caesars und einen Teil seiner eigenen Güter, richtete auf eigene Kosten die Spiele für die Siegesgöttin

Kopf einer
lebensgroßen
Bronzestatue
des Augustus

Caesars («ludi Victoriae Caesaris») aus und zahlte die Legate Caesars an die römische Stadtbevölkerung aus, wobei er die Zahl der Anspruchsberechtigten zuvor noch um rund 100 000 auf 250 000 erhöht hatte. Ein Komet (das «sidus Iulium»), der während der Spiele (20. bis 30. Juli) erschien, wurde von der Menge als sichtbares Zeichen dafür gewertet, dass Caesar unter die Götter aufgenommen sei, eine Deutung, die sich Oktavian schnell zu Eigen machte, unterstützte sie doch höchst wirkungsvoll seine Propaganda.

Das Verhältnis Oktavians zu Antonius verschlechterte sich von Tag zu Tag, zumal wohl auch Antonius nicht verborgen blieb, dass Agenten Oktavians versuchten, die kampanischen und makedonischen Legionen mit Geldversprechungen für Oktavian zu gewinnen. Nachdem ein erster offener Eklat noch durch die Intervention der Veteranen verhindert werden konnte, war Anfang Oktober klar, dass die Zeit des ohnehin nur brüchigen Burgfriedens vorbei war: Antonius und dann auch Oktavian behaupteten beide, der jeweils andere hätte Attentäter zum Mord an ihm angestiftet. Ohne die politisch sich gleichsam täglich ändernden Frontlinien, das Überlaufen einzelner Legionen und auch die ersten bewaffneten Auseinandersetzungen nun detailliert nachzeichnen zu müssen, wird man als Ergebnis der Auseinandersetzungen in Rom festhalten dürfen: Am 20. Dezember vollzog der Senat, wesentlich aufgrund der Autorität Ciceros, den – verfassungswidrigen – offenen Bruch mit Antonius und erkannte förmlich Oktavians Stellung an. Der Senat legalisierte damit die Aktionen Oktavians, kooptierte ihn in den Senat, verlieh ihm das Privileg, sich zehn Jahre vor den gesetzlichen Fristen um Ämter zu bewerben, übernahm seine den Veteranen gegenüber eingegangenen finanziellen Zusagen und stattete den jungen Mann darüber hinaus noch mit einem proprätorischen «imperium» aus. Während Oktavians Stellung somit in Rom gesichert schien, gelang es Antonius im Frühjahr 43 v. Chr., den Caesar-Mörder Decimus Brutus in der Schlacht von Mutina entscheidend zu bezwingen; dieser Sieg und der Tod der beiden Konsuln des Jahres 43 v. Chr., Hirtius und Pansa, in beziehungsweise kurz nach der Schlacht von Mutina veränderte die politische Situation entscheidend. Die Front der Caesarianer gegen Antonius hatte damit zwei ihrer prominenten Führer verloren, und als dann auch noch erste Nachrichten über militärische Erfolge des Cassius im Osten in Rom eintrafen, mobilisierte Cicero seine ganzen Energien, um die Sache der Republikaner zu stärken. Schon im Februar 43 v. Chr. hatte Cicero im Senat die Anerkennung des Caesar-Mörders Marcus Brutus als Statthalter von Makedonien durchgesetzt, und Ende März, Anfang April legalisierte der römische Senat auch die Aktionen des Cassius, indem er ihm – wie zuvor schon Brutus – ein «imperium maius» verlieh. Angesichts dieser Erfolge für die Republikaner in Rom drohte Oktavian ins politische Abseits zu geraten, zumal einige der caesarischen Generäle, insbesondere P. Ventidius und Lepidus, die Zeichen der Zeit erkannten, ihre persönlichen Differenzen beilegten und ihre Truppen mit denen des Antonius in Gallien vereinigten.

Eine Analyse der realen Machtverhältnisse ließ Oktavian keine andere Wahl, er musste einsehen, dass eine Verständigung mit Antonius unumgänglich war. Es spricht – so Dietmar Kienast – «für die nüchterne Lagebeurteilung Oktavians, daß er sofort nach der Schlacht bei Mutina die Kampfhandlungen gegen Antonius einstellte und D. Brutus jede Unterstützung versagte»[101]. Für eine solche unvermeidliche Übereinkunft mit Antonius bedurfte der junge Oktavian jedoch einer gesicherteren Machtposition; wohl schon im Mai machte in Rom die Nachricht die Runde, dass Oktavian das Konsulat wünschte. Als der Senat Ende Juli die von einer Abordnung der Legionen ultimativ geforderten Gelder und Oktavian das Konsulat verweigerte, entschloss sich Oktavian zu einem zweiten Marsch auf Rom. Die zwei aus Afrika vom Senat herangezogenen Legionen liefen sofort zu Oktavian über, und Oktavian war Herr in Rom. Am 19. August ließ sich der noch nicht Zwanzigjährige, gemeinsam mit seinem Verwandten Q. Pedius, zum Konsul wählen. Sofort ließ Oktavian durch eine «lex curiata» seine Adoption feierlich bestätigen, was Antonius im Herbst 44 mehrfach verhindert hatte, und er zahlte aus dem Staatsschatz seinen Legionen die Hälfte der versprochenen Gelder aus. Das römische Volk erhielt zur gleichen Zeit die Restsumme der ihm testamentarisch von Caesar vermachten Gelder. Ein Sondergericht gegen die Caesar-Mörder wurde auf Antrag seines Mitkonsuls Pedius eingesetzt, womit Oktavian den nur wenige Monate zuvor von Antonius noch völlig zurecht erhobenen Vorwürfen, Oktavian stärke durch sein Verhalten die Sache der Caesar-Mörder, den Boden entzogen hatte.

Ende Oktober 43 schlossen dann auf einer kleinen Flussinsel nördlich von Bologna nach zähen dreitägigen Verhandlungen Antonius, Lepidus und Oktavian das so genannte Zweite Triumvirat; die drei – der Dritte, Lepidus, war in Anbetracht der Gegnerschaft von Antonius und Oktavian als Vermittler geradezu notwendig – beschlossen, sich Macht und Aufgaben zu teilen. Am 27. November wurde das Triumvirat in Rom durch ein Plebiszit des Volkstribunen P. Titius legalisiert: Antonius, Lepidus und Oktavian erhielten durch die «lex Titia» als «tresviri rei publicae constituendae» nahezu unbeschränkte Vollmachten.[102] Die Verleihung dieser Vollmachten gleich auf fünf Jahre verdeutlichte jedoch auch, dass es den Dreien wohl nicht nur, wie die schöne Bezeichnung suggerierte, um eine schnelle Wiederherstellung der Republik («res publica») ging, sondern genauso, vielleicht sogar in erster Linie, um die Sicherung der eigenen Machtpositionen.

Die detaillierten Vereinbarungen des Zweiten Triumvirats dokumentieren nachdrücklich eine Vorrangstellung des Antonius: «Das Übergewicht des Antonius in diesem Dreibund zeigte sich besonders deutlich in der Verteilung der Provinzen. Antonius behielt mit der Cisalpina und der Gallia Comata die wichtigsten Provinzen im Westen. Während Lepidus die Narbonensis und Spanien bekam, sollte Oktavian Africa, Sizilien und Sardinien übernehmen. In Africa tobte aber damals ein Bürgerkrieg, und Sizilien und Sardinien waren durch die Flotte des Sex. Pompeius bedroht. Oktavian mußte außerdem ebenso wie sein Vetter Pedius das Consulat niederlegen, das an zwei Anhänger des Antonius vergeben wurde.»[103] Die Absicherung der eigenen Machtpositionen wie auch – in Einzelfällen – persönliche Rache stehen als Motivation hinter den ebenfalls bereits bei Bologna beschlossenen Proskriptionen, denen in den nächsten Monaten 300 Senatoren, unter ihnen Cicero, und 2000 Ritter zum Opfer fielen. Ungeachtet der durch diesen blutigen Terror zeitweilig chaotischen Verhältnisse in Italien erreichten die Triumvirn ihr unmittelbares Ziel, «die politischen Gegner auszuschalten und sich für den bevorstehenden Krieg im Osten den Rücken zu sichern»[104].

DER BUND ZWISCHEN ANTONIUS UND KLEOPATRA

Am 1. Januar 42 erklärte der römische Senat Caesar offiziell zum Gott («divus Iulius»), Oktavian nannte sich danach «C. Iulius divi filius Caesar», und nach 40 v. Chr. «Imperator Caesar divi filius». Hatten im vergangenen Jahr die Caesar-Mörder Brutus und Cassius, gestützt auf ihr «imperium maius», nicht allein die ihnen zugewiesenen Provinzen, sondern sich quasi den gesamten Osten des Reiches unterworfen, und hatte sich Sex. Pompeius in den Besitz Sardiniens und Siziliens gesetzt, so verfügten die Triumvirn nach ihrer Einigung bei Bologna Ende 43 insgesamt über 28 Legionen, eine gewaltige Truppenmacht, die sie im Frühjahr 42 v. Chr. entschlossen gegen die Caesar-Mörder in Marsch setzten. Den blutigen Sieg in der Doppelschlacht bei Philippi im Herbst 42 v. Chr. verdankten die Caesarianer primär Antonius, während Oktavian aufgrund einer schweren Erkrankung an der ersten Schlacht nicht einmal teilgenommen hatte; Antonius durfte sich als der eigentliche Sieger von Philippi fühlen, «er war gerade 40 Jahre alt [geb. 82 v. Chr.] und hatte seine Feldherrenqualitäten vor aller Welt bewiesen»[105].

In den vermutlich wiederum zähen Verhandlungen der Sieger unmittelbar nach der Schlacht konnte Antonius daher entscheidende Modifikationen bei der Provinz- und Aufgabenverteilung der Triumvirn durchsetzen: «Antonius behielt die Gallia Comata und bekam dazu an Stelle der zu Italien geschlagenen Cisalpina anscheinend das alte Africa. Antonius übernahm außerdem die Aufgabe, die Verhältnisse im Osten zu befrieden und neu zu ordnen sowie Geld für die Ansiedlung von Veteranen bereitzustellen. Oktavian erhielt die beiden Spanien und vorläufig das numidische Afrika. Sardinien und Sizilien waren von der Verteilung ausgenommen, da sie inzwischen von Sex. Pompeius besetzt worden waren. Den Kampf gegen Sex. Pompeius sollte Oktavian übernehmen, der außerdem die entlassenen Veteranen in Italien anzusiedeln hatte. Im übrigen sollte Italien von den Triumvirn gemeinsam verwaltet werden. Diese Abmachungen wurden schriftlich fixiert und in Gegenwart von Zeugen versiegelt. Antonius und Oktavian bekamen jeder eine Kopie. Ein Beweis, wie wenig die Machthaber einander trauten.»[106]

Oktavian hatte in dieser Übereinkunft nur schwer zugängliche Provinzen erhalten, nach Spanien konnte ihm Antonius den Landweg blockieren, und der Seeweg nach Spanien und Afrika war durch Sex. Pompeius beständig gefährdet. Dazu hatte er die ungeheuer schwierige Aufgabe übernommen, die Veteranen der Legionen in Italien anzusiedeln, wo Oktavian nicht nur auf Lepidus, sondern auch auf den Bruder des Antonius, den Konsul Lucius Antonius, Rücksichten zu nehmen hatte.

Mit der Aufgabe, die durch die Aktivitäten der Caesar-Mörder entstandenen chaotischen Verhältnisse im Osten des Reichs zu stabilisieren, rückten Ägypten und seine Königin Kleopatra gleichsam automatisch ins Zentrum der Aufmerksamkeit des Antonius. Die Versuche Kleopatras, die Caesarianer und später die Triumvirn wirksam zu unterstützen, waren zwar allesamt gescheitert, aber dennoch hatte sie wohl nichts zu befürchten, obwohl sich ihr Stratege Serapion mit seinem Flottengeschwader und auch die vier zu Dolabella entsandten Legionen auf die Seite der Caesar-Mörder geschlagen hatten. Eine Verantwortung dafür konnte sie jederzeit und überzeugend von sich weisen, hatte sie persönlich doch konsequent die Sache der Caesarianer unterstützt und auch Cassius die geforderte Hilfe der ägyptischen Flotte verweigert. Nachdem Antonius zu Beginn des Jahres 41 v. Chr. in Ephesos als Manifestation des Gottes Dionysos enthusiastisch begrüßt worden war, er Thronstreitigkeiten in Kappadokien mit der Unterstützung des Archelaos Sisennes entschieden hatte, ließ er Kleopatra durch seinen Vertrauten Quintus Dellius nach Kleinasien, genauer: nach Tarsos in Kilikien, bestellen, einer blü-

Das Treffen von Kleopatra und Antonius. Bleistift-, Kreide- und Wasserfarbenskizze (um 1750 – 70) von Tommaso Costa

Antonius und Kleopatra. Ölgemälde (1883)
von Lawrence Alma Tadema

henden Stadt an der Mündung des Kydnos ins Mittelmeer. Über die Begegnung von Antonius und Kleopatra in Tarsos verdanken wir Plutarch in seiner Lebensbeschreibung des Antonius einen lebendigen, detaillierten Bericht: «Unterwegs erhielt sie von Antonius und dessen Freunden mehrere Briefe, daß sie ihre Fahrt beschleunigen sollte, aber sie kehrte sich wenig daran und verlachte den Mann so sehr, daß sie in einem am Hinterteile vergoldeten Schiffe mit ausgespannten Segeln und unter dem Schalle von Zithern, Flöten und Schalmeien, nach welchen die silbernen Ruder bewegt wurden, den Fluß Kydnos hinauffuhr. Sie selbst lag unter einem reich mit Gold verzierten Pavillon ebenso geschmückt und gekleidet, wie man die Venus zu malen pflegt [d. h. wohl mit einer goldenen Krone, Ohrhängern, einem eng am Hals anliegenden Perlenkollier, einer langen Perlenkette, die sich über der Brust kreuzt, einem Gürtel aus Perlen oder Edelsteinen, Armringen und Ringen um die Knöchel, und vielleicht auch einem – modern gesprochen – Perlentanga, aber ansonsten nackt].[107] Knaben, die den Liebesgöttern auf Gemälden ähnlich sahen, standen zu beiden Seiten und fächelten ihr Kühlung zu. Auf gleiche Weise standen Sklavinnen von seltener Schönheit, wie Nereiden und Grazien gekleidet, teils an den Steuerrudern, teils an den Schiffstauen. Von dem vielen angezündeten Räucherwerke verbreiteten sich an beiden Ufern die köstlichsten Wohlgerüche. […] Antonius saß gerade auf dem Markte auf seinem Tribunal; da aber alles Volk aus der Stadt lief, sah er sich endlich ganz allein. Dabei verbreitete sich überall das Gerücht, daß Venus zum Besten Asiens in feierlichem Aufzuge den Bacchus zu besuchen käme. Antonius schickte also hin und ließ sie zur Abendmahlzeit einladen; sie bat aber, daß er doch lieber zu ihr kommen möchte. Um ihr nun sogleich seine Höflichkeit und Gefälligkeit zu beweisen, nahm er die Einladung an und begab sich zu ihr. Hier fand er eine sich aller Beschreibung entziehende Zubereitung, aber nichts setzte ihn mehr in Staunen als die Menge der Lichter. Denn diese hingen und schimmerten, wie man sagt, von allen Seiten in so großer Zahl und waren auf so mannigfaltige Art, bald in Vierecken bald in Zirkeln gegeneinander gestellt und angeordnet, daß dieser Anblick einer der herrlichsten und sehenswürdigsten war. Am folgenden Tage lud Antonius sie zu sich ein und gab sich alle Mühe, sie an Pracht und Feinheit noch zu übertreffen; aber er stand ihr in beiden nach, und wie er sich hierin besiegt fühlte, war er selbst der erste, der sich über die bei ihm herrschende Unsauberkeit und den Mangel an Geschmack lustig machte. Da Kleopatra auch in Antonius' Scherzen den Soldaten, den Mann ohne Welt hervorblicken sah, bediente sie sich gegen ihn ganz dreist und ohne Rückhalt desselben Tones. […] Den Antonius fesselte sie nun so sehr an sich, daß er, obgleich seine Gemahlin Fulvia zu Rom in seinen Angelegenheiten mit Caesar [d. h. Oktavian] Krieg führte und ein parthisches Heer nicht nur in Mesopotamien sich ausbreitete, über welches Land die königlichen Feldherren den Labienus zum parthischen Statthalter ernannten, sondern auch in Syrien einzubrechen drohte – daß er trotzdem sich ohne Bedenken von ihr mit nach Alexandria nehmen ließ, wo er sich, gleich einem geschäftslosen Jüngling, ganz den Spielen und Lustbarkeiten überließ, und die Zeit, den kostbarsten Aufwand, wie Antiphon sie nennt, in Üppigkeit verpraßte.»[108]

Die Geschichte schien sich, so viel lässt sich der Schilderung des Plutarch entnehmen, zu wiederholen: Wiederum, wie schon einmal mit Caesar, war es Kleopatra gelungen, den mächtigsten Mann Roms für sich zu gewinnen, und wie schon zuvor bei Caesar hatte sie diesen Erfolg ihrer klugen, alle Sinne erregenden erotischen Selbst-Inszenierung zu verdanken. Schon im Jahr 55 v. Chr., als der junge Reiterführer Marcus Antonius bei der Rückführung des Ptolemaios XII. Auletes Pelusion eingenommen hatte, soll er sich – so Appian – auf den ersten Blick in die gerade mal vierzehn Jahre alte Kleopatra unsterblich verliebt haben, war doch Antonius – so wiederum Appian – für weibliche Reize ganz besonders empfänglich. Nach der Wiederbegegnung in Tarsos im Jahr 41 v. Chr. war es dann vollends um Antonius geschehen: «Antonius war fasziniert von ihrem Esprit und ihrer Schönheit, er wurde ihr Sklave als wäre er ein Jüngling, obwohl er doch schon vierzig Jahre alt war. [...] Was immer Kleopatra befahl, wurde ausgeführt, ungeachtet aller menschlichen oder göttlichen Gesetze.»[109] Dieses Erklärungsmuster – ein für weibliche Reize besonders empfänglicher Mann mittleren Alters verfällt den bewusst eingesetzten erotischen Verlockungen einer berechnenden Femme fatale – greift jedoch zu kurz, wie schon für das Verständnis der Beziehung zwischen Caesar und Kleopatra. Die Angaben Plutarchs sind zwar insgesamt sehr viel detaillierter, aber nicht unbedingt differenzierter. Bereits im Kontext der Kritik Caesars am liederlichen Lebenswandel des Antonius konstatiert Plutarch über Antonius: «[...] er entsagte nun seinem bisherigen Wandel, dachte wieder ans Heiraten und vermählte sich endlich mit der Fulvia, der Witwe des Demagogen Clodius, einer Frau, die sich weder um Wollarbeit noch um Hauswirtschaft kümmerte, auch sich nicht begnügte, einen gemeinen Mann zu beherrschen, sondern einen Regenten regieren und einen Feldherrn kommandieren wollte. Daher war Kleopatra der Fulvia für die Gewöhnung des Antonius an Weiberherrschaft noch das Lehrgeld schuldig; denn von ihr empfing sie ihn schon völlig gezähmt und abgerichtet, sich von Weibern regieren zu lassen.»[110]

Genauso bemerkenswert wie die Details der herrscherlichen Selbstinszenierung Kleopatras – einerseits konsequente Umsetzung ägyptisch-hellenistischer Herrschertheologie (Tryphè) und andererseits bewusst gewähltes Rollenspiel in einem grandiosen Verführungsszenario – sind die Aussparungen, ist das, worüber Plutarch nichts und die übrige antike Geschichtsschreibung nur wenig mitteilt: die politischen Vereinbarungen zwischen Kleopatra als Königin Ägyptens und Antonius, dem Sachwalter Roms im Osten. Für Kleopatra kam es in erster Linie darauf an, ihre in den letzten Jahren so energisch gefestigte Position als Herrscherin Ägyptens endgültig zu sichern; für Antonius galt es, für die geplanten Feldzüge gegen die Parther den Osten des Reiches zu stabilisieren und sich der wieder erstarkten wirtschaftlichen Ressourcen Ägyptens zu versichern. Neben diesen allgemeinen politischen Überlegungen erklären freilich auch die Erfahrungen, die Antonius bisher mit Frauen hatte sammeln können, die Schnelligkeit, mit der er dem erotischen Zauber Kleopatras erlag. Er, der so stolz auf seine hoch adlige Abstammung war, hatte in erster Ehe die Tochter eines Freigelassenen geheiratet, seine gegenwärtige Frau, Fulvia, war ebenfalls niedriger Herkunft und darüber hinaus eine Frau, der die antike Überlieferung keine der Frauentugenden zuschreibt, die von einer römischen Ehefrau erwartet wurden. «Seinen sonstigen weiblichen Umgang rekrutierte Antonius zumeist aus den Kreisen von Schauspielern und Dirnen – und nun hatte er eine Königin. Auf diesen ‹Besitz› war er stolz und brüstete sich damit, mit einer Königin zu schlafen.»[111] Kleopatra war es ein Leichtes, mit Hilfe des Antonius zunächst ein paar offene Rechnungen zu begleichen. Ganz nach dem Wunsch Kleopatras ließ Antonius die noch im Artemisium von Ephesos lebende Schwester Kleopatras, Arsinoë IV., hinrichten[112], und auch der nach der Niederlage der Caesar-Mörder nach Tyros geflohene Exstratege von Zypern, Serapion, bezahlte den befehlswidrigen Frontwechsel zu Cassius jetzt mit dem Leben.[113] Speziell die von Kleopatra bei Antonius erwirkte Beseitigung der Arsinoë wirft ein bezeichnendes Licht auf die ambitionierte Skrupellosigkeit, mit der Kleopatra ihre dynastische Stellung abzusichern suchte, obwohl – ohne die Handlung Kleopatras rechtfertigen oder entschuldigen zu wollen – dabei zu berücksichtigen ist, dass eine solche Tat schon fast ptolemäische Familientradition war: «Die eigene Familie war in der gesamten Geschichte der Ptolemäer ein ständiger Gefahrenherd für den jeweiligen Herrscher gewesen, weil aus ihr ein Konkurrent erwachsen konnte. Weit über die Hälfte aller Ptolemäer sahen ihre Sicherheit gefährdet und ermordeten daher ihre Verwandten, Eltern, Geschwister, Kinder oder sonstige Thronprätendenten. Wenn Kleopatra ähnlich handelte, so tat sie, was sie aus der Geschichte des eigenen Landes gelernt hatte.»[114]

Nach dem Treffen mit Antonius in Tarsos kehrte Kleopatra nach Alexandria zurück; nur wenig später folgte ihr Antonius und verbrachte den Winter 41/40 als Gast an ihrem Hof. Vielleicht unterstellte Antonius schon während dieses ersten längeren Aufenthalts in Alexandria Kleopatra einige Landstriche Kilikiens, sicher bezeugt freilich ist die gemeinsame ptolemäische Verwaltung von Zypern und Teilen Kilikiens erst ab dem November 38 v. Chr.[115] In Alexandria besuchte Antonius Tempel und Gymnasien; er führte Diskussionen mit alexandrinischen Gelehrten und versuchte sich einen Eindruck von den führenden Personen des Ptolemäer-Hofs zu verschaffen.[116] Die historisch-biographische Überlieferung konzentriert sich freilich auf die extravaganten Festlichkeiten und die verschwenderischen Bankette. Als eine Zeit der Liebe und einer nicht endenden Kette von Lustbarkeiten erscheint der Alexandria-Aufenthalt im Bericht Plutarchs, der etliche Anekdoten über die frivolen Vergnügungen des Antonius und der Kleopatra der Nachwelt zu erzählen weiß: «Sie hatten zusammen eine Gesellschaft, welche das Kränzchen der Unnachahmlichlebenden genannt wurde, worin sie einander Tag für Tag traktierten und einen unglaublich großen Aufwand machten. Der Arzt Philotas aus Amphissa hat meinem Großvater Lamprias viel davon erzählt. Er befand sich nämlich gerade zu dieser Zeit in Alexandria, um Medizin zu studieren. Als ein junger Mensch ließ er sich von einem der königlichen Köche, mit denen er bekannt geworden war, überreden, die kostbare und prachtvolle Zubereitung der Tafel in Augenschein zu nehmen. Er wurde also in die Küche geführt, und da er hier außer vielen anderen Dingen acht Wildschweine braten sah, wunderte er sich sehr über die Menge der Gäste. Der Koch aber sagte lachend zu ihm, Gäste wären so viele eben nicht, sondern höchstens zwölf, aber jedes aufgetragene Gericht müßte die höchste Vollkommenheit haben, die schon ein kleiner Augenblick vernichten könnte. Denn es wäre ebensowohl möglich, daß Antonius gleich jetzt zu speisen verlangte, als daß er, nach den Umständen, noch eine Weile damit wartete, wenn es ihm einfiele zu trinken oder eine Unterredung ihn aufhielte. Aus diesem Grunde wäre nicht bloß eine, sondern mehrere Mahlzeiten angeordnet; denn die Zeit der Tafel ließe sich nie erraten. [...] Kleopatra wußte die Kunst zu schmeicheln nicht bloß vierfach, wie Plato angibt, sondern vielfach einzuteilen, und da sie bei allen Beschäftigungen – sie mochten ernsthaft oder scherzhaft sein – irgend ein neues Vergnügen, einen neuen Reiz anbrachte, fesselte sie den Antonius, dem sie weder bei Nacht noch bei Tage von der Seite kam, immer mehr an sich. Sie spielte mit ihm Würfel, leistete ihm beim Zechen und auf der Jagd

Intimes Mahl! Allein! Also nur 40 Tänzer und Tänzerinnen, 80 Musiker und 300 einfache Gerichte.

Kleopatra und ein intimes kleines Abendessen. Aus: «Asterix und Kleopatra» von R. Goscinny/A. Uderzo

Gesellschaft und wohnte seinen Waffenübungen bei. Wenn er des Nachts an den Türen und Fenstern gemeiner Leute herumging und sie in ihren Häusern foppte, trieb sie sich als Sklavin verkleidet mit ihm in den Straßen der Stadt umher; denn er selbst pflegte sich dann auf diese Art zu verkleiden. Daher kehrte er gewöhnlich mit Schmähungen überhäuft, auch wohl mit einer Tracht Prügel nach Hause zurück. Bei den meisten stand er zwar in keinem großen Kredit; doch fanden die Alexandriner an seinen Possen und Schwänken Vergnügen, erwiderten seine Scherze auf eine feine und witzige Art und sagten mit Zufriedenheit, den Römern zeige er sich in der tragischen, ihnen aber in der komischen Maske. [...] Als er sich einmal mit Kleopatra beim Fischfang belustigte und über sein geringes Glück dabei sehr verdrießlich war, befahl er einigen Fischern, heimlich hinzuschwimmen, und schon vorher gefangene Fische an seine Angel zu binden und zog auf diese Art zwei- oder dreimal Fische herauf. Dies entging der Aufmerksamkeit der Ägypterin nicht; indes stellte sie sich, als wenn sie ihn wegen seiner Geschicklichkeit bewunderte, erzählte davon ihren Freunden und lud sie ein, am folgenden Tage dabei zuzuschauen. Es stiegen daher viele in die Fischerkähne; als aber Antonius die Angel ausgeworfen hatte, befahl sie einem von ihren Leuten, eiligst hinzuschwimmen und einen pontischen Salzfisch an die Angel zu hängen. Antonius, der einen guten Fang getan zu haben glaubte, zog die Angel in die Höhe, und da hierüber, wie leicht zu denken, ein lautes Gelächter entstand, sagte Kleopatra: ‹Überlaß du doch, Imperator, die Angelrute uns Königen von Pharus und Kanopus; dein Fang sind Städte, Könige und Länder.›»[117]

So interessant und amüsant diese anekdotischen Details über die extravaganten Vergnügungen des Antonius und der Kleopatra auch sind, indem sie einerseits Esprit, Charme, Witz und königlichen Luxus der Ptolemäerin illustrieren und andererseits die Anpassungsfähigkeit der Königin an die soldatisch schlichten Interessen (u. a. Würfelspiel, Trinkgelage, Jagd, Waffenübungen) des Antonius verdeutlichen, so sind doch vielleicht Zweifel angebracht, ob diese Anekdoten den Winter 41/40 wirklich zutreffend charakterisieren.[118] In der Antonius-Vita des Plutarch jedenfalls erhalten diese Anekdoten kompositorische Relevanz, indem sie den Gegensatz zwischen diesem frivolen Wohlleben und den politischen Katastrophen des Winters 41/40 noch schärfer akzentuieren. Unter der Führung des noch von Cassius zu den Parthern gesandten Q. Labienus und des parthischen Kronprinzen Pakoros waren die Parther in Syrien eingefallen und hatten große Teile Kleinasiens erobert.[119] Und in Italien, wo Oktavian die schwierige Aufgabe der Veteranenansiedlung insgesamt bravourös gemeistert hatte, war es durch die politische Agitation des Konsuls L. Antonius zum offenen Kampf gekommen. Im Februar 40 mussten der Bruder des Triumvirn und die Gattin des

LA BELLE HELENA   CLEOPATRE   LVCRECE

ROME NEVST DE TARQVIN SENTI LES DVRS FLÉAVX
NI L'EGIPTE ENTERRÉ ANTHOINE ET SON EMPIRE
NI PRIAM VEV LES FEVX TROYE EN CENDRE REDVIRE
SI. IEVNES, NOVS EVSSIONS PORTE' DE TELS MVSEAVX.

Helena, Kleopatra und Lucretia als alte Frauen. Karikatur (um 1650)
von Gaspard Isaac. «Weder hätte Rom unter der Heimsuchung des
Tarquinius gelitten, / Noch wäre Ägypten dem Antonius und seinem
Reich zum Grab geworden, / Noch hätte Priamos mit anschauen
müssen, wie die Flammen Troja zu Asche machten, / Wenn wir in
unserer Jugend so hässliche Fratzen gehabt hätten.»

Antonius, Fulvia, im von den Truppen Oktavians eingeschlosse-
nen Perusia (dem heutigen Perugia) kapitulieren; ihnen und den
Truppen des L. Antonius gewährte Oktavian Verzeihung. Die alte
Etruskerstadt jedoch wurde den siegreichen Truppen zur Plün-
derung freigegeben, und den gesamten Stadtrat und viele republikanische Senatoren und Ritter, die sich dorthin geflüchtet hatten, ließ Oktavian an den Iden des März am Altar des Divus Iulius
wie Opfertiere abschlachten.[120] Als erste Nachrichten über den
Parthereinfall und insbesondere über den perusinischen Krieg
in Alexandria eintrafen, zögerte Antonius keinen Tag; er verließ
Alexandria und eilte nach Tyros: «Als wichtige Entscheidungen
anstanden, zählte, so hat man den Eindruck, Kleopatra nicht
mehr.»[121] Antonius hatte Alexandria bereits verlassen, als ihm
Kleopatra Zwillinge gebar, einen Jungen und ein Mädchen, deren

Namen zugleich ein politisches Programm verkündeten: Alexander Helios und Kleopatra Selene. «Möglicherweise nutzte Kleopatra die Tatsache der Zwillingsgeburt, um astrologischen Spekulationen Auftrieb zu verleihen, die sich an Sonne und Mond knüpften und ein neues goldenes Zeitalter ankündigten. Manch einer im griechischen Osten träumte von einer neuen Zeit ohne römische Bevormundung; solchen Träumen gab Kleopatra mit ihrer Propaganda Nahrung.»[122]

BRUNDISIUM, MISENUM, TARENT UND DIE FOLGEN

Von Tyros aus eilte Antonius weiter nach Kleinasien; auf Bitten seiner Gattin Fulvia, die ihn über den Ausgang des perusinischen Krieges informiert hatte, änderte er seine Pläne und segelte nach Athen, wo er mit Fulvia und einigen seiner aus Italien geflüchteten Anhänger zusammentraf. Politisch bedeutsamer war, dass Gesandte des Sex. Pompeius ihm ein Bündnis gegen Oktavian anboten, ein Angebot, das Antonius unter dem Vorbehalt annahm, dass mit Oktavian keine allgemeine Friedensregelung zustande käme, die auch Sex. Pompeius einbezöge. Als sich dann auch noch der ehemalige Republikaner Cn. Domitius Ahenobarbus mit seiner Flotte dem Antonius anschloss, war die politische Lage für Oktavian, der nach dem Sieg bei Perusia sich als Herr Italiens fühlen konnte und auch selbst versuchte, Kontakte zu den republikanischen Flüchtlingen bei Sex. Pompeius zu knüpfen, plötzlich wieder außerordentlich bedrohlich[123], zumal Antonius mit seinen Truppen bei Brundisium landete und es sofort zu ersten kleineren Scharmützeln zwischen den Soldaten der Triumvirn kam. Auf Initiative der Soldaten, die freilich so ganz ohne Ermutigung durch ihre Anführer nur schwer vorstellbar scheint, wurde in zähen Verhandlungen ein erneuter Kompromiss erzielt[124]; eine Schuldige für die Differenzen zwischen den Triumvirn war in Fulvia, der gerade in Sikyon verstorbenen Ehefrau des Antonius, schnell gefunden, wie insbesondere der Bericht Appians verdeutlicht: «Es schien aber beiden Seiten der Tod in vieler Hinsicht gelegen zu kommen, da sie eine betriebsame Frau losgeworden waren, die wegen ihrer Eifersucht auf Kleopatra einen so großen Krieg entfacht hatte.»[125] Im Unterschied zu den bisherigen Vereinbarungen zwischen den Triumvirn, die primär Regelungen über die jeweiligen unmittelbaren Aufgaben festschrieben, sah der Vertrag von Brundisium als wichtigsten Punkt eine förmliche Teilung der territorialen Herrschaft vor; im Detail wurden folgende Vereinbarungen getroffen[126]:

1. Teilung der Herrschaft: Oktavian erhielt die westlichen Provinzen, Antonius die östlichen und Lepidus bekam Afrika zugewiesen.

2. Oktavian sollte den Krieg gegen Sex. Pompeius führen, wenn keine Verständigung zustande käme, und Antonius sollte den Krieg gegen die Parther führen, um die Niederlage des Crassus bei Carrhae (53 v. Chr.) zu rächen.

3. Beide Triumvirn waren berechtigt, in Italien Truppen auszuheben.

4. Die Besetzung des Konsulats wurde für die nächsten Jahre gemeinsam festgelegt.

5. Oktavian bestätigte die bereits von Antonius gewährte Amnestierung aller Republikaner, die auf Seiten des L. Antonius gekämpft hatten.

So schwierig die Verhandlungen auch gewesen waren und was auch immer die Triumvirn über den jeweils anderen dachten, in der Öffentlichkeit taten sie alles, um ihre neue Eintracht, die Antonius immerhin Gallien gekostet hatte, zu demonstrieren. Als zusätzliches Band der wieder hergestellten Einigkeit heiratete Antonius Ende 40 v. Chr. die jüngere Octavia, die gerade verwitwete Schwester Oktavians. Als die Hochzeit in Rom mit großer Pracht gefeiert wurde, schien nach einem Jahrzehnt blutiger Bürgerkriege ein allgemeiner Friede in greifbarer Nähe, zumal die beiden mächtigsten Triumvirn offenkundig ihre jeweiligen Interessen respektierten. Oktavian unterstützte den Antonius in seinem Wunsch, den von den Parthern vertriebenen Herodes im römischen Senat zum König der Juden zu machen, was ihm angesichts der Dienste, die der Vater des Herodes, Antipatros, Julius Caesar geleistet hatte, wohl auch nicht schwer fiel[127], und Antonius ließ sich endlich zum Priester des vergöttlichten Caesar konsekrieren.[128]

Der von Antonius gewünschte allgemeine Frieden, der auch Sex. Pompeius mit einschloss, kam 39 v. Chr. ebenfalls zustande, freilich nicht aufgrund des diplomatischen Geschicks des Antonius, sondern – wie der Bericht des Cassius Dio vermittelt – durch den Druck der öffentlichen Meinung: «Zugegen [bei der Übereinkunft von Kap Misenum bei Neapel] war auch seine gesamte Flotte und das ganze Fußvolk der beiden anderen, und nicht bloß das, vielmehr waren die einen auf dem Lande, die anderen auf den Schiffen voll gerüstet zur Schlachtordnung aufgestellt, so daß gerade dieser Umstand allen klar machte, daß sie nur aus Furcht vor

Octavia. Marmorbüste
(um 30 v. Chr.)

der beiderseitigen Kriegsmacht und nur unter Zwang, die einen unter dem des Volkes, der andere unter dem seiner Anhänger, sich zum Frieden bereit fanden. Der Vertrag kam unter folgenden Bedingungen zustande: [...] Für Sextus selbst war endlich vorgesehen, daß er zum Konsul gewählt und zum Augur bestellt werde, weiterhin siebzig Millionen Sesterzen aus seinem väterlichen Besitz erhalte und fünf Jahre lang Sizilien, Sardinien sowie Achaia verwalte. Hingegen solle er keine Überläufer mehr aufnehmen, auch keine weiteren Schiffe erwerben oder irgendwelche Besatzungen in Italien unterhalten, vielmehr dem Lande von der Seeseite her Frieden schaffen und für die Stadtbevölkerung eine bestimmte Menge Getreide liefern. Den Zeitraum von fünf Jahren setzten Caesar [Oktavian] und Antonius für Sextus deshalb fest, weil sie auch selbst den Eindruck erwecken wollten,

73

daß sie ihre Machtstellung nur bis zu einem bestimmten Termin, nicht aber für dauernd behalten würden.»[129]

Politisch war zweifellos Oktavian der Nutznießer der Verträge von Brundisium und Misenum: Er hatte seine Macht in Italien und den westlichen Provinzen konsolidiert; darüber hinaus waren offensichtlich bei den Verabredungen über die Amtsinhaber der nächsten Jahre sowohl die Suffektkonsulate als auch alle übrigen Ämter ausgeklammert gewesen. Wie Oktavian seine Stellung in Italien nutzte, um seine Anhängerschaft zu belohnen und zu vergrößern, zeigt nachdrücklich die Ernennung von zwei Suffektkonsuln und 67 Praetoren allein im Jahr 38 v. Chr.[130] Antonius dagegen hatte Zugeständnisse machen müssen; er hatte die gallischen Provinzen und damit seine Machtbasis in unmittelbarer Nähe Italiens eingebüßt, womit auch das ihm vertraglich zugesicherte Recht, in Italien Truppen auszuheben, nur schwer in der Praxis auszuüben war. Insgesamt, so wird man zusammenfassen dürfen, erweisen die Vereinbarungen von Brundisium und Misenum, dass sich das Kräfteverhältnis innerhalb des Triumvirats verschoben hatte: Von einer Vorrangstellung des Antonius konnte keine Rede mehr sein, und Lepidus wurde über die Verhandlungsergebnisse wohl nur noch informiert, seine Zustimmung stillschweigend vorausgesetzt.

Obwohl die Feldherrn des Antonius, insbesondere P. Ventidius Bassus, erste Erfolge gegen die Parther errangen – Q. Labienus wurde bereits 39 v. Chr. besiegt, und im Jahr darauf konnte Ventidius die Parther bei Gindaros entscheidend bezwingen und Syrien und Kleinasien befreien – , bestätigt die im Jahr 37 v. Chr. zwischen den Triumvirn getroffene Vereinbarung von Tarent die Verschiebung der Kräftebalance nachdrücklich. Der Vertrag von Misenum war ohnehin eher ein kurzfristiger Waffenstillstand denn ein wirklicher Friede, zumindest zwischen Oktavian und Sex. Pompeius, gewesen, sodass er schon wenige Wochen nach Abschluss de facto Makulatur war.[131] Die komplizierte Vorgeschichte und die kriegerischen und taktisch hinhaltenden Geplänkel, in denen sich Oktavian als kluger Realpolitiker bewährte, zum Vertrag von Tarent (September/Oktober 37 v. Chr.) können wir übergehen[132], entscheidend ist wiederum das Ergeb-

Denar (Gallien, 42 v. Chr.):
Vs.: M. ANTON IMP Kopf
des Marcus Antonius n. r.;
Rs.: CAESAR D(IC)
Belorbeerter Kopf Caesars n. r.

Denar (Kleinasien, 41 v. Chr.):
Vs.: M ANT IMP AVG III VIR R P C
M BARBAT Q P Kopf des Marcus
Antonius n. r.; Rs.: CAESAR IMP
PONT III VIR R P C Kopf des Okta-
vian n. r.

Aureus des Antonius; wahrscheinlich 40 / 39 v. Chr. in
Ephesos geprägt: Vs.: M(ar-
cus) ANTONIUS IMP(erator) III
VIR R(ei) P(ublicae) C(onsti-
tuendae) Kopf des Antonius;
Rs.: Bildnis der Octavia

Denar (Kleinasien, 32–31 v. Chr.):
Vs.: M ANTONI ARMENIA DEVICTA
Kopf des Marcus Antonius n. r.,
dahinter armenische Tiara;
Rs.: CLEOPATRAE REGINAE GEGVM
FILIORVM REGVM Büste der Kleo-
patra mit Diadem n. r., davor Prora

Denar (Kleinasien, 31.29 v.Chr.):
Vs.: Kopf des Oktavian n. r.;
Rs.: IMP – CAESAR Trophäe
(tropaecum navale) über Ruder
und Anker auf Schiffsbug

Denar (Rom, 28 v. Chr.):
Vs.: CAESAR COS VI Kopf des
Oktavian n. l., dahinter Lituus;
Rs.: AEGYPTO CAPTA Krokodil n. r.

nis, das letztlich nur durch die Vermittlung Octavias überhaupt zustande kam[133]:

1. Oktavian musste den erneuten Angriff auf Sizilien um ein Jahr, ins Jahr 36 v. Chr., verschieben.

2. Antonius übergab Oktavian 120 Kriegsschiffe; dafür versprach Oktavian dem Antonius für den Partherkrieg 20000 Soldaten.

3. Die Dauer des am 31.12.38 v. Chr. abgelaufenen Triumvirats wurde um fünf Jahre verlängert.

4. Sex. Pompeius wurden die Priesterwürde und das ihm bereits designierte Konsulat abgesprochen.

Mit dem Vertrag von Tarent war das Vorgehen Oktavians gegen Sex. Pompeius legalisiert; Antonius hatte lediglich einen Aufschub des entscheidenden Angriffs um ein Jahr erreicht, um den Preis, dass er Sex. Pompeius offiziell fallen lassen musste. Die zögerlichen, unentschlossenen Aktionen des Antonius in den Jahren 39 bis 37 v. Chr. verraten, wie Hans Buchheim ausführt, «daß Antonius seinem Partner an diplomatischem Geschick nicht gewachsen war. Er mußte sich im Frühjahr 37 erbitten, was er ein Jahr zuvor noch großzügig hätte gewähren können. Mit der Anerkennung des ungerechten sizilischen Krieges und der Preisgabe des Sextus, für die er im Jahre 38 sich noch entscheidenden Einfluß in Italien hätte sichern können, konnte er sich jetzt gerade noch das Zugeständnis erkaufen, daß Octavian seinen Angriff um ein Jahr verschob. An dieser Verschiebung war Antonius interessiert, weil er dadurch wenigstens die Chance gewann, zur gleichen Zeit, da Octavian voraussichtlich den Sextus besiegt haben würde, im Krieg gegen die Parther einen Erfolg aufweisen zu können.»[134]

So zutreffend die Analyse der realpolitischen Schwächen des Antonius auch ist, noch war nicht alles verloren. Die Chance, seinen Einfluss auch in Italien wieder zu gewinnen, bot ein Erfolg im Osten des Reichs, dort, wo sich Antonius ohnehin sehr viel wohler zu fühlen schien als in Rom. Die Winter 39/38 und 38/37 hatte Antonius mit seiner Frau Octavia, die ihm noch gegen Ende 39 eine erste Tochter geboren hatte, in Athen verbracht, wo er anlässlich des Sieges seines Feldherrn Ventidius über die

Parther ein großes Fest veranstaltete: «Während er in Athen den Winter zubrachte, erhielt er die Nachricht von den ersten glücklichen Unternehmungen des Ventidius […]. Dieses Sieges wegen gab er den Griechen ein großes Fest und vertrat bei den Athenern die Stelle eines Gymnasiarchen, so daß er die Zeichen seiner Feldherrnwürde zu Hause ließ, in einem langen Mantel, mit weißen Schuhen und der übrigen Tracht der Gymnasiarchen öffentlich erschien und die Jünglinge, wenn sie genug gestritten hatten, beim Halse faßte und auseinanderriß. Als er in den Krieg ziehen wollte, nahm er sich einen Kranz von dem heiligen Ölbaum und ließ auch, einem Orakel zufolge, eine Flasche mit Wasser aus der Quelle Klepsydra füllen.»[135] Wohl unmittelbar nach Abschluss des Vertrags von Tarent brach Antonius nach Syrien auf, von Korkyra (Korfu) aus schickte er seine wiederum schwangere Gattin Octavia nach Rom zurück, um ihr – wie es offiziell hieß – in ihrem Zustand weitere Strapazen zu ersparen; vielleicht dachte Antonius, dass sie seinen Interessen in Rom mehr nützen könne als in seinem Heerlager, vielleicht jedoch wollte er sich auch privat den Rücken frei halten für eine Rückkehr zu seiner mächtigsten Verbündeten, Kleopatra, wie dies Plutarch suggeriert: «Allein jenes heillose Übel, das eine lange Zeit geschlummert hatte und durch bessere Grundsätze eingeschläfert und ganz gehoben zu sein schien, ich meine die Liebe zur Kleopatra, erwachte jetzt, da er sich Syrien näherte, wieder mit verstärkter Kraft.»[136]

DIE RÜCKKEHR DES ANTONIUS: NEUORDNUNG DES OSTENS

Mit der Rückkehr des Antonius nach Syrien (Spätherbst 37 v. Chr.) tritt auch Kleopatra wieder in das Licht der Weltpolitik und der antiken Überlieferung. Über ihre Reaktionen und Empfindungen angesichts der Nachrichten aus dem Westen, insbesondere über die Ehe von Octavia und Antonius, ist nichts überliefert. Ihre Stellung als Königin Ägyptens wird sie, obwohl auch darüber kaum Berichte erhalten sind, genauso konsolidiert haben, wie sie es verstanden hat, die ägyptische Wirtschaft und dabei insbesondere die Landwirtschaft zu fördern; Hungersnöte jedenfalls sind für die dreißiger Jahre nicht überliefert.

Alexander Helios als Fürst von Armenien (?). Bronzestatuette

Sofort nach seiner Ankunft in Antiochia ließ Antonius Kleopatra zu sich bestellen; gemeinsam verbrachten sie dann den Winter 37/36 in der syrischen Metropole. Antonius erkannte die dreijährigen Zwillinge, die ihre Mutter begleitet hatten, als seine Kinder an; und vermutlich erhielten sie offiziell erst jetzt, im Einvernehmen mit ihrem Vater, ihre so bedeutungsträchtigen Beinamen: Alexander Helios und Kleopatra Selene.[137]

Wie schon in der antiken Überlieferung die politischen Vereinbarungen des ersten Treffens zwischen Kleopatra und Antonius in Tarsos kaum einer Nachricht wert waren, so marginalisiert die historische Überlieferung auch für den Winter 37/36 die vermutlich nach harten Verhandlungen zustande gekommenen Absprachen zwischen dem Triumvir und der Königin Ägyptens, oder sie stellt sie – bereits unter dem Eindruck der späteren oktavianischen Propaganda – verzerrt dar: «Bei ihrer Ankunft machte er ihr zur Vergrößerung ihres Reichs keine kleinen oder unbedeutenden Geschenke, sondern gab ihr Phönikien, Kölesyrien, Kyprus, ein großes Stück von Kilikien; überdies den Teil von Judäa, der die Balsamstaude trägt, und von dem den Nabatäern gehörigen Arabien den ganzen Landstrich, der nach dem äußeren Meere zu liegt. Diese Schenkung schmerzte die Römer am meisten, wiewohl er vielen Privatpersonen ganze Fürstentümer und große Königreiche erteilte und dagegen wieder andern ihre Königreiche nahm, zum Beispiel dem jüdischen Könige Antigonus, den er sogar öffentlich enthaupten ließ, eine Strafe, die vorher noch keinem fremden Könige angetan war. Aber bei den Geschenken und Ehrenbezeigungen der Kleopatra war es die schändliche Ursache, die die Römer am meisten kränkte. […] Indes war er sehr geschickt, selbst den schändlichsten Dingen einen schönen Anstrich zu geben und sich noch damit zu brüsten. Er sagte: Die Größe des römischen Reichs offenbare sich nicht durch das, was man nähme, sondern vielmehr durch das, was man verschenke; edle Geschlechter würden durch eine zahlreiche Nachkommenschaft und durch Erzeugung vieler Könige immer mehr ausgebreitet; so sei auch sein Ahnherr von Herkules erzeugt worden, der die Fortpflanzung seines Geschlechts nicht bloß auf einer Frau habe beruhen lassen, noch sich vor den Gesetzen Solons und den auf verbotene Schwängerung gesetzten Strafen gefürchtet, sondern der Natur den Anfang und die Grundlage zu vielen Geschlechtern zu hinterlassen gesucht habe.»[138]

Bei unvoreingenommener Prüfung dieses Berichts, der als eine Mischung aus Halbrichtigem – zum Beispiel war der auf Befehl des Antonius enthauptete Antigonus der von den Parthern in Judäa eingesetzte Herrscher –, übler Nachrede und oktavianischer Propaganda erscheint, wie auch der übrigen Notizen der antiken Überlieferung[139], ergibt sich ein signifikant anderes Bild. Die Landschenkungen des Antonius an Kleopatra, das Königreich Chalkis und die umliegenden Gebiete, Phönikien, Kölesyrien, Ländereien auf Kreta und die Stadt Kyrene – Zypern und Kilikien unterstanden der Königin schon seit Jahren und die Schenkung der Balsam- und Dattelhaine um Jericho und der Nabatäergebiete gehört wohl eher in eine spätere Zeit (34 v. Chr.)[140] – sind keineswegs Liebesgaben des Antonius, sondern Teil einer umfassenden Neuorganisation des gesamten römischen Ostens.[141]

Der Triumvir reduzierte die Zahl der römischen Provinzen von fünf auf drei: Asia, Bithynia und Syria. Und Antonius setzte, durchaus in Übereinstimmung mit den Prinzipien der römischen Ostpolitik seit Pompeius, einige neue Klientelfürsten ein oder vergrößerte deren Herrschaftsgebiete: Polemon wurde König von

Pontus, Amyntas erhielt Galatien und Teile Paphlagoniens sowie Lykaoniens, Archelaos Sisennes, der Sohn der schönen Glaphyra, mit der Antonius ebenfalls das Lager geteilt haben soll, erhielt Kappadokien; Herodes war nominell zwar schon 40 zum König der Juden ernannt worden, konnte seine Hauptstadt Jerusalem jedoch erst im Jahr 37 v. Chr. mit Hilfe römischer Truppen einnehmen. Mit der Wahl dieser Klientelfürsten hatte Antonius erstaunlichen Scharfblick bewiesen; alle vier Könige waren energische Machthaber mit großen wirtschaftlichen und politischen Fähigkeiten, die, da sie weder über eine dynastische Legitimation noch eine echte Hausmacht in ihren jeweiligen Reichen verfügten, in besonderer Weise auf den Rückhalt des jeweiligen Repräsentanten Roms angewiesen waren: «Octavian konnte später nichts Besseres tun, als die so geschaffene Ordnung im wesentlichen zu übernehmen und Polemon, Archelaos Sisennes, Amyntas und Herodes in ihrer Herrschaft zu belassen.»[142]

Der wichtigste Klientelstaat war jedoch Ägypten, und so erhielt Kleopatra, politisch und strategisch nahe liegend, den größten territorialen Zugewinn, was sie selbst offensichtlich als bedeutsamen Einschnitt in ihrer Herrschaft wertete, wie die Zählung nach einer neuen Ära und die Doppeldatierungen in den Folgejahren verdeutlichen.[143] Vielleicht träumte sie auch von einem ptolemäischen Großreich als Kernland eines östlichen Reichs; mit Antonius, dem mächtigen Herrn des römischen Ostens, der die römischen Vorurteile gegenüber den Griechen offenkundig nicht teilte, schien plötz-

Kleopatra mit Chlamys.
Siegelabdruck aus Edfu

lich alles möglich. Als gegen Ende des Jahres 36 v. Chr. Kleopatra Antonius das dritte Kind gebar, einen Jungen, verkündete dessen Namen Ptolemaios Philadelphos unmissverständlich ein politisches Programm: Ptolemaios II. Philadelphos hatte bekanntlich in der ersten Hälfte des 3. Jahrhunderts v. Chr. die Voraussetzungen für die größte Ausdehnung des Ptolemäerreichs unter seinem Nachfolger Ptolemaios III. Euergetes geschaffen.[144]

Goldener Fingerring mit einem Porträt Kleopatras

Die gesamte Neuordnung des römischen Ostens durch Antonius diente der Konsolidierung der nach den Wirren der römischen Bürgerkriege und des Panthereinfalls chaotischen Verhältnisse; stabile politische Verhältnisse in Syrien, Ägypten und Kleinasien waren die Voraussetzung für den für das Jahr 36 v. Chr. geplanten Partherfeldzug des Antonius. Alle Detailregelungen dienten somit auch dem römischen Interesse; juristisch gedeckt waren sie durch die Triumviralvollmacht des Antonius ohnehin.

Betrachtet man jedoch die Landzuweisungen an Kleopatra noch etwas genauer, so fällt auf, dass speziell die waldreichen Regionen Phöniziens, Kilikiens und des Libanon alle für den Schiffbau nötigen Materialien boten.[145] Vermutlich hatten Antonius und Kleopatra bereits in Antiochia vereinbart, dass die ägyptische Königin eine Flotte bauen sollte, wofür Antonius, der mit Energie den Partherfeldzug vorzubereiten hatte, gegenwärtig weder die Zeit noch die Mittel hatte, ihr die dafür nötigen Waldgebiete und Küstenstädte in den übereigneten Ländern zur Verfügung stellte. Ein solches Flottenbauprogramm wäre dann ein Indiz dafür, dass Antonius nach der Vereinbarung von Tarent eingesehen hatte, nach dem zu erwartenden Sieg Oktavians gegen Sex. Pompeius sei die bewaffnete Auseinandersetzung mit Oktavian letztlich wohl nicht zu vermeiden.[146] Zunächst aber galt es, so schnell wie möglich einen spektakulären militärischen Erfolg gegen die Parther zu erringen.

DER PARTHERFELDZUG DES ANTONIUS

Die Chancen für einen militärischen Erfolg gegen die Parther standen nicht schlecht; nachdem der parthische Thronfolger und Lieblingssohn des Königs, Pakoros, in der Schlacht bei Gindaros 38 v. Chr. gefallen war, dankte König Orodes ab und ernannte den aufbrausenden, gewalttätigen Phraates IV. zu seinem Nachfolger. Dies führte sofort zu dynastischen Streitigkeiten, die wohl von den Eifersüchteleien der Frauen des Orodes ihren Ausgang nahmen. Phraates IV. ließ zuerst die Kinder umbringen, die Orodes von der kommagenischen Prinzessin hatte, dann Orodes selbst, der diese Mordbefehle gerügt hatte, und schließlich seine eigenen (insgesamt etwa 30) Brüder; als sich der Partherkönig dann einer Adelsfronde gegenübersah, ordnete er sogar die Beseitigung seines eigenen erwachsenen Sohnes an, um zu verhindern, dass dieser von den parthischen Adligen zum König ausgerufen wurde. Einige der parthischen Adligen hatten sich daraufhin auf römischen Boden in Sicherheit gebracht.[147] Darüber hinaus hatten die mit verhältnismäßig bescheidenen Mitteln erkämpften Siege des Ventidius Bassus 39 und 38 v. Chr. nachdrücklich gezeigt, dass die parthischen Panzerreiter nicht unbesiegbar waren.

Parther
Ursprünglich ein iranisches Reitervolk, das Mitte des 3. Jahrhunderts v. Chr. seine Unabhängigkeit von den Seleukiden erkämpfte und in der Folgezeit unter der Dynastie der Arsakiden für gut vier Jahrhunderte zum mächtigen Gegner der Seleukiden und mit der Einrichtung der römischen Provinz Syrien auch zum Feind Roms und der römischen Interessen im Osten wurde.

Wie so häufig schweigt die antike Überlieferung über den – in diesem Fall – feldherrlichen Alltag des Antonius; nichts erfahren wir über die gewaltigen logistischen Vorbereitungen des Feldzugs, die umfangreichen Detailplanungen, die nötig waren, Marschwege zu erkunden und Verpflegungsdepots anzulegen, und die detaillierten Marschpläne für die rund 100 000 Mann

starke Invasionsarmee (16 wohl nicht bis zur Sollstärke aufge-
füllte Legionen, gallische und spanische Reitertruppen, Hilfs-
truppen und Tross). Vielleicht konnte Antonius in vielen dieser
Details auf Planungen Caesars zurückgreifen, dessen Pläne für
einen auf drei Jahre berechneten Partherkrieg unmittelbar vor seiner Ermordung Stadtgespräch in Rom waren; Genaueres wissen
wir leider auch darüber nicht.[148]

Über den eigentlichen Feldzug des Antonius hingegen liegen detaillierte Schilderungen vor, von denen die ausführlichste
und antoniusfreundlichste vermutlich auf das Geschichtswerk
eines prominenten Teilnehmers an diesem Feldzug, den Freund
des Triumvirn, Quintus Dellius, zurückgeht (Plut. Ant. 37–51).
Der Bericht bei Cassius Dio (49,23–31) präsentiert dagegen, wie
auch die sonstigen Notizen der übrigen römischen Historiker,
die oktavianische Perspektive.[149]

Nach dem Marsch durch das mit Rom befreundete Armenien, der armenische König hatte seine Reiterei als Unterstützung zur Verfügung gestellt, wollte Antonius in Media Atropate-
ne einfallen und von dort aus zu den Residenzen des Parther-
reichs vordringen. Über das genaue Ziel der Operationen kann
man nur spekulieren, denn Antonius kam nur bis Phraaspa,
einer nicht sicher lokalisierten Stadt und Festung in Media Atro-
patene, die er belagerte, aber ohne das beim Tross zurückgeblie-
bene schwere Belagerungsgerät nicht einnehmen konnte. Die
Parther, die offenkundig über die römischen Truppenbewegun-
gen genauestens informiert waren und ihre inneren Zwistigkeiten angesichts des anrückenden Feindes zurückstellten, griffen
mit ihren Panzerreitern zunächst den langsam nachrückenden
römischen Tross an, vernichteten die als Geleitschutz eingeteil-
ten zwei Legionen unter dem Kommando des Oppius Statianus
und verbrannten das schwere Belagerungsgerät; die armenische
Reiterei hatte sich rechtzeitig abgesetzt. Damit hatte der Partherfeldzug des Antonius mit einem Debakel begonnen und war im
Grunde bereits gescheitert. Wie schon einmal bei der vernich-
tenden Niederlage des Crassus (53 v. Chr.), die zu rächen ja das
proklamierte Kriegsziel gewesen war, hatten die Parther zwei römische Legionsadler erbeutet und erneut gezeigt, dass römische

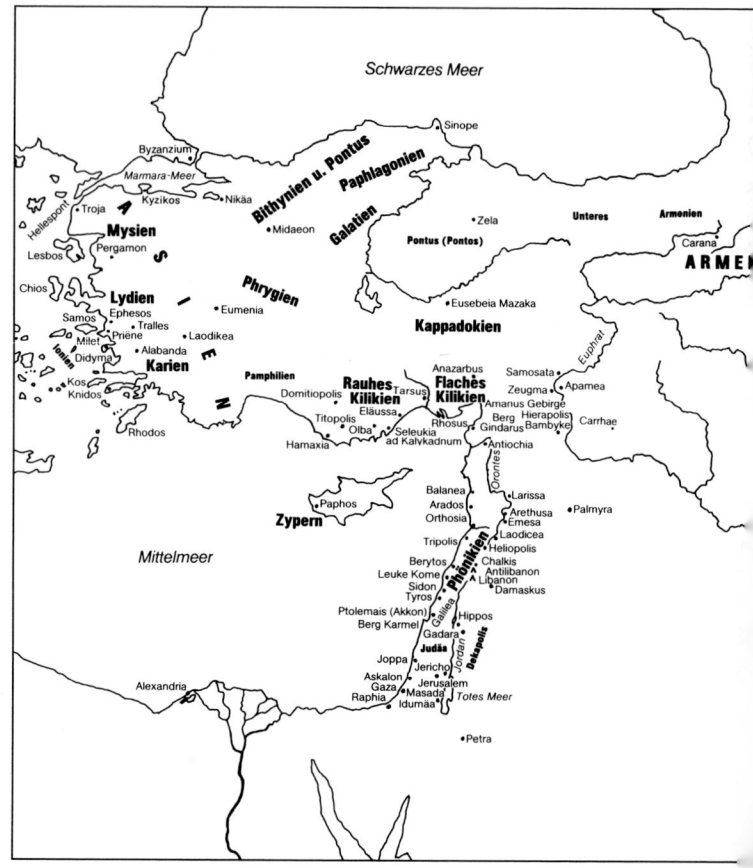

Fußtruppen in ebenem Gelände den parthischen Panzerreitern nicht gewachsen waren. Was Antonius, dessen Truppen bei der Belagerung von Phraaspa bereits spürbar unter Versorgungsproblemen zu leiden begannen, nach nüchterner Abwägung aller Möglichkeiten noch übrig blieb, war der Versuch, sich unter möglichst geringen Verlusten nach Armenien zurückzuziehen. Das freilich, wie der anschauliche Bericht des Plutarch vermittelt [150], wurde ein äußerst schwieriges Unternehmen. Unter beständigen Attacken der parthischen Reiterei gelang es Anto-

Der östliche Mittelmeer-
raum, Kleinasien, Arme-
nien und Medien (nach:
Grant 1977, S.192 f.)

nius, mit größtem persönlichen Einsatz und eiserner Disziplin
zumindest gut zwei Drittel seiner Truppen über den Grenzfluss
Araxes nach Armenien zurückzuführen. Angesichts der hoch gespannten Erwartungen vor Beginn des Feldzugs war dies sicherlich ein deprimierendes Ergebnis – in Anbetracht der ungeheue-
ren Schwierigkeiten, die er überwinden musste, jedoch auch
eine militärische Leistung, die Respekt verdient, wie das Schluss-
resümee Plutarchs expliziert: «Hier [in Armenien] hielt nun Antonius eine Musterung über sein Heer und fand einen Verlust

von zwanzigtausend Mann Fußvolk und viertausend Reitern, die aber nicht alle durch die Feinde, sondern über die Hälfte durch Krankheiten umgekommen waren. Von der Stadt Phraata her waren die Römer siebenundzwanzig Tage lang marschiert und hatten die Parther in achtzehn Gefechten [zurück]geschlagen; nur fehlte ihren Siegen immer der Nachdruck und die Vollständigkeit, weil sie die geschlagenen Feinde nie weit und kräftig genug verfolgen konnten. Daraus aber war sehr deutlich klar, daß der Armenier Artavasdes den Antonius um den glücklichen Ausgang dieses Feldzuges gebracht hatte. Denn wären die sechzehntausend Reiter, die er aus Medien wieder abführte, die nicht nur auf dieselbe Art wie die Parther gerüstet, sondern auch mit ihnen zu streiten gewohnt waren, bei dem Heere geblieben, so würden die Feinde, wenn sie von den Römern zurückgeschlagen und dann von jenen auf der Flucht verfolgt wurden, sich wohl nicht von der Niederlage so vielmal erholt und mit neuem Mute angegriffen haben.»[151] Sehr viel kritischer urteilt – wie nicht anders zu erwarten – Cassius Dio: «Was nun Antonius betraf, so wurde er von den Feinden weiterhin in keiner Weise mehr belästigt, mußte jedoch sehr unter Kälte leiden; denn es war bereits Winter geworden, und das armenische Bergland, durch das der einzige Weg – womit er sich begnügen mußte – führte, ist jederzeit von Eis bedeckt. Dazu machten die zahlreichen Verwundungen seinen Soldaten hier ganz besonders schwer zu schaffen. Als infolgedessen viele starben oder kampfunfähig wurden, konnte Antonius die Berichte über jeden einzelnen Fall nicht mehr länger ertragen und verbat sich alle derartigen Meldungen. Und so mußte er dem König von Armenien, wiewohl er ihm wegen unterlassener Hilfeleistung zürnte und sich gerne an ihm gerächt hätte, schön tun und schmeicheln, um von ihm Lebensmittel und Geld zu erhalten.»[152]

Diese Notiz des Cassius Dio wie auch die ähnlich lautende Ergänzung Plutarchs, bei strenger Kälte und durch unaufhörliche Schneestürme hätte Antonius sein Heer in großer Eile weitervorangepeitscht und dabei nochmals achttausend Mann eingebüßt[153], verweist zum einen auf die viel diskutierte, aber letztlich nicht entscheidbare Frage, warum Antonius eine solche

Eile an den Tag legte, denn mit Blick auf die Verhältnisse in Parthien machte es keinen Unterschied, ob seine Legionen in Syrien, Kleinasien oder Armenien überwinterten, und zum anderen darauf, dass er wohl bei der gesamten Feldzugsplanung dem Faktor Zeit zu wenig Aufmerksamkeit gewidmet hatte. Darüber hinaus hatte er sich wohl auch zu sehr auf die armenische Reiterei verlassen und die Schwierigkeiten unterschätzt, die Parther zu einer Entscheidungsschlacht zu stellen. Eine Erklärung für diese, letztlich fatalen Versäumnisse des Antonius, sieht Hermann Bengtson im sprunghaften, emotionalen Charakter des Antonius: «Im ganzen stellt man fest, daß Antonius zu wenig Geduld gezeigt hat, um die Verhältnisse in Medien und Armenien reifen zu lassen, bis sich ein günstiger Augenblick für eine Intervention bot. Antonius war als Politiker zu sehr von emotionellen Regungen abhängig, diese haben ihn an einer nüchternen Betrachtung der Zusammenhänge gehindert. Dazu kam noch seine Bindung an Kleopatra; sie ist weder in persönlicher noch in materieller Hinsicht zu unterschätzen, sie führte aber auf der Seite des Antonius zu folgenreichen Fehlentscheidungen, die sich nicht mehr korrigieren ließen.»[154] So bedenkenswert diese Einschätzung der politischen Schwächen des Antonius auch ist, für das Scheitern des Partherfeldzugs kann man schwerlich Kleopatra verantwortlich machen, obwohl auch Plutarch eine solche Deutung zu favorisieren scheint: «Allein diese ungeheure Macht und Zurüstung, welche sogar die Inder jenseits von Baktra in Furcht setzte und ganz Asien erschütterte, ward ihm, wie man sagt, der Kleopatra wegen völlig unnütz. Weil er nämlich eilte, mit ihr den Winter hinzubringen, eröffnete er den Feldzug vor der gehörigen Jahreszeit und handelte in allen Stücken mit unüberlegter Hitze. Gleich als wenn er seines Verstandes nicht mehr mächtig, sondern durch Gifttränke oder Zaubermittel betört wäre, sah er sich immer ängstlich nach dem Gegenstand seiner Liebe um und war mehr darauf bedacht, recht bald zurückzukehren, als die Feinde zu besiegen.»[155] Dieses Urteil gründet, ungeachtet der vorsichtigen Formulierungen, in dem von der Propagandamaschinerie Oktavians geschaffenen Bild des kaum eigener Entscheidungen fähigen, der Kleopatra und ihrem Liebreiz verfallenen Antonius, das mit dem Porträt des energischen Feldherren, der seine Führungsqualitäten auf dem entbehrungsreichen Marsch so nachdrücklich unter Beweis gestellt hatte, wohl nicht zu harmonisieren ist. Immerhin wird man auch aus dieser Notiz des Plutarch auf die entscheidende Bedeutung des Faktors Zeit schließen dürfen; der Partherfeldzug stand offensichtlich von vornherein unter einem unseligen, der sorgfältigen Planung, der gewissenhaften geographischen Erkundung und der notwendigen Feindaufklärung entgegenstehenden Zeitdruck.

Und in der Tat, berücksichtigt man das gespannte Verhältnis von Antonius und Oktavian, so hatte Antonius keine Zeit zu verlieren; der Sieg der von Oktavians Admiral, M. Vipsanius Agrippa, auf einem künstlich geschaffenen See minuziös vorbereiteten Flotte gegen Sex. Pompeius war für den Sommer 36 v. Chr. zu erwarten. Am 3. September 36 v. Chr. besiegte dann Agrippa tatsächlich dank seiner geschickten Strategie und des Einsatzes neuartiger Enterbrücken die Flotte des Sex. Pompeius entscheidend bei Naulochos. Unmittelbar darauf war ein ungeschickter Versuch des Triumvir Lepidus, sich nochmals in die große Politik einzumischen – er hatte seine Legionen nach Sizilien verlegt und Oktavian aufgefordert, die Insel zu räumen –, kläglich gescheitert: Seine Truppen liefen zu Oktavian über, und Lepidus musste seine Triumviralgewalt offiziell niederlegen, bevor er in die Verbannung geschickt wurde; seine Provinz Afrika sicherte sich Oktavian.[156] Angesichts dieser militärischen Erfolge Oktavians und der in ihrer Folge beschlossenen Ehrungen für den Sieger musste Antonius das nur schwer kaschierbare Scheitern seines Partherfeldzugs doppelt schwer treffen. Er hatte bei dem Versuch, mit den zu erwartenden (und dann auch eintreffenden) Erfolgen Oktavians Schritt zu halten, alles auf eine Karte gesetzt, und er hatte verloren. Vielleicht hatte er auch schon mehr verloren als nur seinen Einfluss in Italien, und – so könnte Antonius gedacht haben – wäre es dann nicht auf alle Fälle strategisch günstiger, seine Legionen erst in Syrien überwintern zu lassen, um in Küstennähe die weitere Entwicklung abzuwarten?

Privates, Politik und Propaganda

Als Antonius merkte, dass der Eilmarsch durch das winterliche armenische Bergland einen zu hohen Blutzoll forderte, eilte er selbst mit nur wenigen Gefährten an die Küste voraus, ließ das Heer langsamer nachrücken und bat Kleopatra um Hilfe: «Er selbst begab sich mit einem kleinen Gefolge an die Seeküste und erwartete in einem Dorfe, namens Leuke Kome, das zwischen Berytus und Sidon liegt, die Ankunft der Kleopatra. Da diese zu lange ausblieb, ward er ängstlich und überließ sich vor Langeweile dem Trunke und den Zechereien; doch konnte er auch in den Gelagen nicht lange still sitzen, sondern stand oft auf und sprang hinaus, um sich nach ihr umzusehen. Endlich lief sie denn in den Hafen ein und brachte für die Truppen viele Kleidungsstücke und Geld mit sich. Indes behaupten einige, die Kleidungsstücke habe er wohl von ihr bekommen, das Geld aber aus seinen eigenen Mitteln verteilt, und dabei vorgegeben, daß sie es den Soldaten mitgebracht hätte.»[157] Die aus Ägypten herangeschafften Rüstungsgüter wie auch der Proviant waren die Rettung für das Heer des Antonius, der sich zudem in die Lage versetzt sah, jedem Schwerbewaffneten vierhundert Sesterzen und den übrigen Feldzugsteilnehmern entsprechend weniger auszuzahlen.[158]

Die politische Lage hatte sich entscheidend verändert, wie der Bericht des Cassius Dio über die Reaktionen in Rom noch im Spätsommer 36 v. Chr. verdeutlicht: «Die Römer zu Hause aber waren über die einzelnen Vorgänge [im Osten] gut unterrichtet, nicht weil er [Antonius] ihnen in seinen Berichten die Wahrheit sagte – er verschwieg nämlich seine sämtlichen Mißerfolge und schrieb in manchen Fällen gerade das Gegenteil, daß es um seine Sache gut stehe –, sondern weil das Gerücht die Wahrheit verkündete und Caesar [Oktavian] samt seinem Kreis sie sorgfältig erforschte und erörterte. Sie brachten indessen die wirkliche Lage noch nicht an die Öffentlichkeit, sie ließen vielmehr Opfer darbringen und Festlichkeiten abhalten. Da nämlich Caesar in dieser Zeit noch Niederlagen gegen Sextus [Pompeius] erlitt, konnte die ungeschminkte Wiedergabe der Dinge weder passend noch vorteilhaft sein.»[159] Solche Rücksichten musste Oktavian nach dem endgültigen Sieg über Sex. Pompeius nicht mehr nehmen;

Sandstein-
stele mit
Kaisarion
als Pharao
rechts,
wie die
Datierung
der demo-
tischen
Inschrift
bezeugt
(21. Sep-
tember 31
v. Chr.)

bezeichnenderweise ging er auch unverzüglich in die politische
Offensive. Bei seinem siegreichen Einzug in Rom am 13. November 36 v. Chr., der mit einer «ovatio», der kleineren Form eines Triumphs, gefeiert wurde, hatte Oktavian versprochen, die norma-
len verfassungsmäßigen Zustände wieder herzustellen und seine
triumviralen Ausnahmegewalten niederzulegen, wenn Antonius nach der Rückkehr aus dem Partherkrieg das Gleiche tue.[160]
Gleichzeitig jedoch ließ er sich die «sacrosanctitas» (Unverletz-
lichkeit) eines Volkstribunen verleihen und das Recht, auf der
Tribunenbank zu sitzen. Das heißt, er verfügte auch ohne trium-

virale Vollmachten über Rechtstitel, an denen Antonius keinen Anteil hatte.[161]

Oktavian schrieb Antonius einen Brief[162], dessen Inhalt zwar nicht überliefert ist, «der jedoch den gegebenen Umständen entsprechend sicher eine Aufforderung enthielt, Antonius möge sich der Initiative, die Ausnahmegewalt niederzulegen, anschließen»[163]. Und wahrscheinlich beauftragte Oktavian seine Schwester Octavia damit, ihrem Ehemann diesen Brief zu überbringen[164], womit Oktavian Antonius gleich zweifach unter Druck setzte, politisch und privat. Dass die Mission der Octavia ein nüchtern kalkulierter Schachzug Oktavians im politischen Machtkampf mit Antonius war, verrät der Bericht Plutarchs unmissverständlich: «In Rom entschloß sich indes Octavia selbst zu Antonius zu reisen, wozu auch Caesar [Oktavian] seine Einwilligung gab, nicht so wohl, wie die meisten sagen, aus Gefälligkeit gegen sie, als auch um eine schickliche Ursache zum Kriege zu bekommen, wenn sie etwa beschimpft und zurückgesetzt werden sollte. Bei ihrer Ankunft in Athen erhielt sie Briefe von Antonius, worin er ihr befahl, daselbst zu bleiben und zugleich von dem bevorstehenden Feldzuge Nachricht gab. Dies schmerzte Octavia sehr und sie konnte leicht die Veranlassung erraten; dennoch fragte sie in einem Briefe bei ihm an, wohin das, was sie mitgebracht hätte, geschickt werden sollte. Sie brachte nämlich viele Soldatenkleider und Lasttiere, eine ansehnliche Summe Geld und eine Menge Geschenke für seine Feldherrn und Freunde mit; außerdem noch zweitausend auserlesene Soldaten, die als prätorische Kohorten mit prächtigen Rüstungen versehen waren.»[165]

Antonius musste sich, ob er wollte oder nicht, entscheiden: Nach langwierigen und hitzigen Diskussionen in seinem Beraterstab, die in den Quellen jedoch nur als melodramatisch inszenierte Liebeskämpfe Kleopatras um Antonius überliefert sind[166], entschloss er sich, die Soldaten anzunehmen, Octavia selbst aber nach Rom zurückzuschicken. Über die politische Bedeutung dieser Entscheidung waren sich wohl alle Berater des Antonius und auch dieser selbst klar, aber er hatte letztlich keine andere Wahl; nur ein sichtbares Zeichen, dass Antonius einen Konflikt nicht

Kleopatra erprobt die Wirkung von Giften.
Ölgemälde (1887) von Alexandre Cabanel

scheute, konnte Oktavian auf dem Weg zur Alleinherrschaft vielleicht noch aufhalten.[167] Ob Kleopatra «attraktiver, schöner, intelligenter, charmanter und die bessere Geliebte war»[168], darüber kann man selbstverständlich spekulieren und genauso darüber, welchen Anteil auch persönliche Gründe für diese Entscheidung des Antonius hatten, politisch hatte er jedenfalls sehr viel mehr zu verlieren, wenn er sich für Octavia und gegen Kleopatra entschied. Nur die Reichtümer Ägyptens boten die Chance, die Schlappe des Partherfeldzugs wieder wettzumachen, nur mit Hilfe Ägyptens konnten die Legionen wieder auf Sollstärke gebracht, neue Truppen ausgehoben, Verpflegungsdepots angelegt und vor allem der Flottenbau vorangetrieben werden. Was war demgegenüber «politisch zu gewinnen durch ein Zusammensein mit Octavia? Ein neuer Vertrag von Tarent wie der des Jahres 37? Wer garantierte, daß sich Octavian diesmal an seine Zusagen hielt? Dies hatte er doch nicht einmal gegenüber einem wesentlich mächtigeren Antonius, als es nun der Verlierer des Partherkrieges war, getan.»[169] Und waren nicht die 2000 Soldaten, ein Zehntel der ihm nach der Übereinkunft von Tarent zugesagten 20000 Mann, der blanke Hohn, sichtbares Zeichen der öffentlichen Brüskierung? So oder ähnlich mögen im Beraterstab des Antonius die Alternativen durchgespielt worden sein; mit der Entscheidung des Antonius, sich von Octavia zu trennen, hatte Oktavian das erreicht, worauf er es offensichtlich von vornherein angelegt hatte: «Als Octavia von Athen wieder [in Rom] angekommen war, befahl ihr Caesar [Oktavian], der das Verfahren des Antonius für eine Beschimpfung ansah, eine eigene Wohnung zu beziehen. Sie erklärte aber, sie werde das Haus ihres Mannes nicht verlassen; ja sie bat sogar jenen selbst, daß, wenn er nicht aus einer anderen Ursache den Antonius zu bekriegen beschlossen hätte, er auf ihr Interesse weiter keine Rücksicht nehmen möchte, denn es wäre schon nicht fein zu hören, daß von den zwei größten Imperatoren der eine aus Liebe zu einem Weibe, der andere aus Eifersucht die Römer in einen Bürgerkrieg verwickelt hätte. Diese Rede bestätigte sie noch mehr durch ihre Handlungen. Denn sie blieb in Antonius' Haus wohnen als ob er selbst zugegen wäre, und sorgte nicht nur für ihre eigenen Kinder, sondern auch für die von der Fulvia auf eine edle und anständige Art. Auch nahm sie alle Freunde des Antonius, die entweder um Ämter zu bekommen oder in Geschäften nach Rom geschickt wurden, liebreich auf und unterstützte sie selbst in ihren Gesuchen bei Caesar. Allein eben dadurch fügte sie gegen ihre Absicht dem Antonius großen Schaden zu, denn er wurde wegen der an einer solchen Frau verübten Ungerechtigkeit allgemein gehaßt.»[170]

Während Oktavian nach seinem Sieg über Sex. Pompeius in Italien die Verhältnisse stabilisierte, indem er das Räuberunwesen bekämpfte, seine Armee durch die Entlassung von etwa 20000 Veteranen, die schon bei Philippi und Mutina mitgekämpft hatten, weitgehend entpolitisierte, die Wirtschaft förderte und zur Sicherung des Friedens etliche Militärstationen an den Straßen einrichtete, brach Antonius im Frühsommer 35 v. Chr. den bereits begonnenen erneuten Zug gegen die Parther ab. Seine Truppen bedurften vielleicht einer längeren Erholung, als er zunächst geglaubt hatte, ihnen gewähren zu müssen, vielleicht jedoch hatte auch die sicherlich nicht nochmals vernachlässigte «Feindaufklärung» Nachrichten übermittelt, die den geplanten Feldzug als zu großes Risiko erscheinen ließen, Genaueres wissen wir leider nicht. Antonius kehrte jedenfalls nach Alexandria zu Kleopatra zurück, entschlossen, die gerade ausgebrochenen Streitigkeiten zwischen Armenien und Medien zu nutzen[171], um in den nächsten Jahren vielleicht doch noch die erhofften spektakulären militärischen Lorbeeren zu erringen, die er als Sachwalter der römischen Waffenehre, aber auch ganz persönlich für den Machtkampf mit Oktavian so dringend benötigte. Eine lokale Krise – der nach seiner Niederlage bei Naulochos nach Kleinasien geflohene Sex. Pompeius hatte sich gewaltsam einige Stützpunkte in der Propontis geschaffen – hatten in der Zwischenzeit die Feldherren des Antonius gemeistert, während Antonius wohl wieder einmal gezögert hatte, eine klare Entscheidung zu fällen; diesen Eindruck vermittelt zumindest der Bericht Appians: «Titius nahm des Pompeius Heer für Antonius in Dienst. Den Pompeius selbst, der damals 40 Jahre alt war, ließ er in Milet töten, sei es von sich aus im Groll über die erlittene Beleidigung und undankbar für die dann erfahrene Wohltat, sei es auf eine schriftliche Anweisung des Antonius hin. Manche sagen, nicht Antonius, sondern Plancus habe die Weisung erteilt, der als Statthalter von Syrien dazu ermächtigt war, in dringenden Fällen Briefe für Antonius zu unterzeichnen und vom Siegel Gebrauch zu machen. Plancus aber habe unterschrieben, wie die einen meinen, mit Wissen des Antonius, der sich selbst wegen des Namens des Pompeius scheute, und weil Kleopatra dem Pompeius wegen seines Vaters Magnus gewogen war; wie die andern aber meinen, aus eigenem Entschluß, weil er von den eben genannten Umständen Kenntnis hatte und verhindern wollte, daß Pompeius Anlaß zu einem Streit zwischen Antonius und Caesar [Oktavian] gäbe, den Kleopatra im Zusammenwirken mit Pompeius noch schüren möchte.»[172] Neben der – auf spätere oktavianische Propaganda zurückzuführenden – Akzentuierung der unheilvollen Rolle Kleopatras verdeutlicht dieser Bericht Appians anschaulich, wie nahezu alle Details vor dem Hintergrund des sich intensivierenden Machtkampfs zwischen Oktavian und Antonius durchaus unterschiedlich beurteilt werden konnten.

In den wenigen ruhigen Wochen des gemeinsam mit Antonius verbrachten Winters 36 / 35 wie auch nach der Rückkehr des
Antonius nach Alexandria im Sommer 35 v. Chr. war Kleopatra politisch nicht untätig geblieben. Wiederholt hatte sie sich
in die inneren Zwistigkeiten des jüdischen Staates eingemischt,
und angesichts der Tatsache, dass Antonius nun mehr denn je
auf sie und ihre Reichtümer angewiesen war, konnte sie bei ihren Wünschen nach weiteren Landzuweisungen endlich einen
Teilerfolg verbuchen. Antonius verweigerte ihr Judäa und Nabatäa zwar erneut[173], übereignete ihr jedoch wohl im Winter 35 / 34
oder spätestens im Frühjahr 34 v. Chr. jeweils einzelne Landstriche, wie der ausführliche Bericht des Flavius Josephus – ungeachtet der Polemik gegenüber Kleopatra – erkennen lässt: «Antonius war nun zwar so in den Netzen dieses Weibes verstrickt,
daß er nicht nur mit ihr in vertrautestem Verkehr stand, sondern
auch wie durch einen Zauberbann dazu verpflichtet schien, ihr
in allen Stücken zu Willen zu sein. Dennoch hielt ihn die Scheu
vor offenbaren Ungerechtigkeiten davon zurück, ihr in allem
und jedem nachzugeben und dadurch allzu großen Anstoß zu erregen. Um ihr daher einerseits ihre Bitte nicht geradezu abzu-
schlagen, andererseits aber auch durch Eingehen auf alle ihre For-
derungen nicht öffentlich als ungerecht zu erscheinen, nahm er
jedem der beiden Könige einen Teil seines Landes ab und schenkte ihn der Kleopatra.»[174] Die an Kleopatra verlorenen Dattel- und
Balsamplantagen um Jericho pachtete Herodes noch im selben
Jahr für 200 Talente zurück und leistete auch Bürgschaft für die
vom Nabatäerkönig ebenfalls zurückgepachteten arabischen
Distrikte. Die weiteren Nachrichten des Josephus, Kleopatra habe bei einem Besuch bei Herodes versucht, diesen zu verführen,
woraufhin der König ernsthaft erwogen habe, Kleopatra umbringen zu lassen, sind wohl historisch wertlos, aber schöne Beispie-
le für die Wirksamkeit der oktavianischen Propaganda. Die ganze abenteuerliche Geschichte wird wohl aus der unmittelbaren
Umgebung des Herodes stammen, der damit – vielleicht nach der
Schlacht von Actium – seine unbedingte Romtreue unter Beweis
zu stellen suchte, indem er sich ebenfalls zum eingeschworenen
Feind der großen Gegnerin Oktavians stilisierte. Bei seinem ers-

ten Zusammentreffen mit Oktavian verwies Herodes explizit darauf, er selbst habe Antonius geraten, Kleopatra umzubringen, um auf diese Weise seine Herrschaft zu retten.[175]

KRIEGSVORBEREITUNGEN UND PROPAGANDAFELDZUG

Im Frühjahr 34 v. Chr. wandte sich Antonius gegen Artavasdes von Armenien, den er ganz wesentlich für den Untergang des Oppius Statianus mitsamt seinen Legionen und damit für das Scheitern des Partherfeldzugs verantwortlich machte. Die Tatsache, dass Artavasdes geheime Beziehungen zu Oktavian unterhielt, wie auch die Hoffnung auf die Reichtümer Armeniens werden Antonius in seinem Rachewunsch nur bestärkt haben. Während Antonius zunächst versuchte, sich durch List des armenischen Königs zu versichern, inspizierte Kleopatra, die Antonius bis zum Euphrat begleitet hatte, auf dem Rückweg ihre neuen Besitzungen in Judäa und Nabatäa.

Der gesamte Armenienfeldzug des Antonius, so wenig Genaues auch überliefert ist, verdeutlicht, dass Antonius sich offenbar bemühte, Armenien mit möglichst geringem Aufwand zu unterwerfen. Erst als die diplomatische Mission des Q. Dellius, der dem armenischen König eine Ehe des Alexander Helios mit einer armenischen Prinzessin anbot, gescheitert war, rückte Antonius nach Artaxata vor und brachte den König auf nicht ganz redliche Weise in seine Gewalt. Der daraufhin von den Armeniern zum König erhobene älteste Sohn des Artavasdes, Artaxes, zwang das römische Heer zu einer Schlacht und wurde vernichtend geschlagen. Antonius war damit Herr Armeniens und seiner Schätze. Zur Sicherung seiner Macht ließ er einen Teil des Heeres zurück und verlobte seinen Sohn mit Jotape, der Tochter des medischen Königs. Antonius hatte endlich den spektakulären militärischen Erfolg errungen, den er so dringend benötigte, und er hatte seine Kriegskasse mit den Schätzen Armeniens aufgefüllt.[176]

Mit reicher Beute und dem armenischen König als Gefangenen in goldenen Ketten kehrte er nach Alexandria zurück und feierte seinen Sieg mit einer dionysischen Prozession[177], wie der

Bericht des Velleius Paterculus deutlich macht: «Er [Antonius] hatte vorher angeordnet, daß man ihn den neuen Liber Pater [eine der lateinischen Bezeichnungen des Dionysos] nenne. Mit Efeu bekränzt, mit einem golddurchwirkten, safranfarbenen Gewand bekleidet, einen Thyrsosstab haltend und hohe Stiefel tragend fuhr er in einem Wagen wie Liber Pater durch Alexandria.»[178] Und am Ende der Hauptstraße erwartete ihn Kleopatra auf einem goldenen Thron und im Gewand der Göttin Isis.

Bot der Einzug des Antonius in Alexandria Oktavian Anlass, diesen in seiner Propaganda als unrömisches Gehabe, als Frevel wider alle römischen Traditionen, als parodistische Pervertierung des römischen Triumphs zu verurteilen[179], so lieferte das grandiose Spektakel, das Antonius und Kleopatra nur wenige Tage später im Gymnasium von Alexandria inszenierten, Oktavians Propaganda weitere Nahrung: «Er [Antonius] ließ nämlich das Volk im Gymnasium zusammenkommen, wo auf einer silbernen Bühne zwei goldene Throne, der eine für ihn, der andere für Kleopatra und einige niedrigere für seine Söhne aufgestellt waren. Hier erklärte er zuerst die Kleopatra zur Königin von Ägypten, Kyprus, Afrika und Koilesyrien, so daß Caesarion, der für einen Sohn des älteren Caesar galt, weil dieser die Kleopatra geschwängert hatte, an der Regierung teilnehmen sollte. Sodann ernannte er auch seine eigenen Söhne von der Kleopatra zu Königen der Könige; für Alexander bestimmte er Armenien, Medien und die Länder der Parther, die er noch erobern wollte, und für Ptolemaios Phönikien, Syrien und Kilikien. Zugleich ließ er den Alexander in medischer Kleidung, zu welcher die Tiara und die Kitaris gehört, den Ptolemaios aber in Stiefeln, in der Chlamys und dem Kausias, um den ein Diadem gebunden war, auftreten. Denn dies war die Tracht der auf Alexander [den Großen] folgenden Könige, jenes aber die der Meder und Armenier. Nachdem die Söhne ihre Eltern umarmt und geküßt hatten, umgab den einen eine aus Armeniern, den andern eine aus Makedoniern bestehende Leibwache. Kleopatra selbst legte sich damals, wie auch nachher, so oft sie vor dem Volke erschien, eine andere als die gewöhnliche Kleidung, nämlich die heilige der Isis zu und wurde auch die neue Isis genannt.»[180]

Mit dieser sorgfältig inszenierten Proklamation und mit der Prägung von Denaren des Antonius, auf deren Rückseite Kleopatras Porträt mit der Legende «Cleopatrae reginae regum filiorum regum» («[Münze] der Kleopatra, der Königin der Könige und der königlichen Söhne») erschien, war zumindest der Anspruch auf ein Großreich der Ptolemäer formuliert, am Status quo änderte sich freilich nichts. Diese propagandistischen Gesten, die mit ihrer Herausstellung der Abstammung des Kaisarion von Caesar natürlich auch auf Oktavian zielten, ergänzt, dass von diesem Tage an die Königin ihre Rolle als Göttin immer stärker betonte, offiziell nahm sie die Bezeichnung «Neue Isis» an; häufiger noch trug sie den Titel der «Jüngeren Göttin», was jedoch faktisch auf das Gleiche hinauslief: «Die bekannte Göttin kehrt auf die Erde in der Gestalt einer neuen Frau zurück.»[181]

Einen guten Einblick in die propagandistischen Ränkespiele um diese alexandrinische Proklamation und die Beeinflussung der öffentlichen Meinung in Rom vermitteln die Notizen des Cassius Dio: «Diese Entscheidungen gab Antonius nicht nur in Alexandria bekannt, sondern berichtete sie auch nach Rom, damit sie auch vom dortigen Volk bestätigt würden. Doch wurde nichts davon in der Öffentlichkeit verlesen; denn die damaligen Konsuln Domitius und Sosius, die Antonius ganz besonders ergeben waren, weigerten sich trotz dem von Caesar [Oktavian] ausgehenden Druck, die Schreiben vor dem ganzen Volk bekanntzugeben. Sie drangen mit ihrem Willen in dieser Sache zwar durch, doch erreichte Caesar seinerseits, dass keiner von Antonius' Berichten, soweit sie den Armenier betrafen, veröffentlicht wurde; fühlte er doch nicht nur Mitleid mit dem Herrscher, zumal er mit ihm gegen Antonius heimlich in Verbindung gestanden hatte, sondern neidete auch letzterem den Triumph.»[182] Mit einer knappen Zusammenfassung der gegeneinander erhobenen Vorwürfe leitet Cassius Dio wenig später seine Schilderung des Endkampfes zwischen Antonius und Oktavian ein: «Die Gründe für den Krieg und die von ihnen ins Feld geführten Vorwände aber waren folgende: Antonius beschuldigte Caesar, er habe Lepidus seines Amtes entkleidet und sich dessen und des Sextus [Pompeius] Land und Streitmacht angeeignet, die ihnen doch gemeinsam hätten gehören sollen; er verlangte daher die Hälfte davon und ebenso auch die Hälfte von den Soldaten, die er [Oktavian] in Italien, ihrem gemeinsamen Besitz, ausgehoben habe. Caesar hingegen warf dem Antonius vor, er halte neben anderen Gebieten seine Hand auf Ägypten, obschon er es nicht durchs Los bekommen habe; ferner habe er Sextus, der angeblich von ihm selbst geschont worden sei, töten lassen und durch die Täuschung, Festnahme und Fesselung des Armenierkönigs das römische Volk in gar üblen Ruf gebracht. Auch forderte er die halbe Beute; sein besonderer Vorwurf Antonius gegenüber aber galt Kleopatra und deren Kindern, die er als seine eigenen anerkannt habe, sodann den ihnen überlassenen Geschenken und speziell der Tatsache, daß er dem Knaben den Beinamen Caesarion gab und ihn so in die Familie Caesars einführte. Diese Anklagen brachten sie gegeneinander vor und bedienten sich ihrer in gewisser Hinsicht auch zur Verteidigung ihres Vorgehens; sie standen zum Teil in ihrem persönlichen Briefwechsel, zum Teil wurden sie auch in die Öffentlichkeit getragen, durch mündliche Erklärungen Caesars und schriftliche Äußerungen von Antonius' Seite.»[183]

Ob die Ereignisse in Alexandria, trotz ihrer Verzerrung durch die oktavianische Propaganda, in Rom derart empörend wirkten, wie die oktavianische Propaganda behauptete, muss stark bezweifelt werden, immerhin standen noch zwei Jahre später, nach dem so genannten Staatsstreich des Oktavian im Februar 32 v. Chr. beide Konsuln und ein großer Teil des Senats auf Seiten des Antonius; sicher hingegen ist, dass Oktavians Propaganda kein Mittel scheute, Kleopatra zu diffamieren. Ab 34 v. Chr. wird sie systematisch zu einem Schreckgespenst für Rom stilisiert, zu einer Femme fatale, zu einer männermordenden Sirene, zu einer orientalischen Hure, wenn man so will zu einem Sinnbild männlicher Obsessionen. Selbstverständlich versuchte Antonius propagandistisch und auch politisch dagegenzuhalten, aber ihm fehlte die Möglichkeit, die Massen Roms direkt anzusprechen. So befand er sich propagandistisch immer in der Defensive. Der Zufall der Überlieferung hat uns Fragmente eines Schreibens des Antonius an Oktavian noch aus dem Jahre 33 v. Chr. bewahrt, das einerseits Oktavian zum moralischen Heuchler erklärt, anderer-

Römische Terrakotta-
lampe mit erotisch-
obszöner Darstellung:
nackte Frau (Kleopatra?)
reitet auf erigiertem
Penis, der aus einem
Krokodilschwanz empor-
ragt (ca. 40–80 n. Chr.)

seits aber auch ein merkwürdiges Licht auf Antonius und seine
Liebe zur Kleopatra wirft: «Was hat dich verändert? Vielleicht die
Tatsache, daß ich mit der Königin schlafe? Ist sie denn meine
Frau? Habe ich denn erst jetzt damit angefangen oder nicht bereits vor neun Jahren? Und du, schläfst du weiterhin nur mit Dru-
silla? Es möge dir so gut gehen, daß du, wenn du diesen Brief liest,
weder mit Tertulla noch mit Terentilla, Rufilla, Salvia Titisenia
oder allen zusammen geschlafen hast. Oder ist es etwa von Bedeutung, wo und bei welcher Frau er dir steht?»[184]

Im Gefolge der propagandistischen Diffamierung Kleopatras
ab 34 v. Chr., die sich gleichsam den Antonius unterworfen habe,
wird auch so manche Anekdote über das ausschweifende, orien-
talischem Luxus ergebene unrömische Leben des Antonius und
der Königin in Alexandria ihre endgültige Gestalt erhalten haben, etwa die berühmte Wette um die teuerste Mahlzeit, die Kleopatra mit der Auflösung einer prachtvollen, einzigartigen Perle

in Essig, den sie dann trank, gewonnen haben soll.[185] Eine anschauliche Zusammenfassung der oktavianischen Propaganda bietet wiederum Cassius Dio: «Die Frau hatte ihn sich nämlich so gefügig gemacht, daß sie ihn veranlaßte, selbst die Rolle eines Gymnasiarchen bei den Alexandrinern zu übernehmen; und sie persönlich empfing von ihm den Titel Königin und Herrin, hatte römische Soldaten in ihrer Leibgarde, und sie alle schrieben Kleopatras Namen auf ihre Schilde. Häufig besuchte sie mit Antonius den Marktplatz, weilte an seiner Seite bei der Durchführung von Festen und Gerichtsverhandlungen und ritt mit ihm sogar in den Städten umher. Oder sie ließ sich in einer Sänfte tragen, während Antonius sie zu Fuß zusammen mit ihren Eunuchen begleitete. Auch nannte er sein Hauptquartier Königspalast, trug zuweilen einen orientalischen Dolch in seinem Gurt und kleidete sich auf eine Art, die den heimatlichen Sitten widersprach. Man konnte ihn selbst in der Öffentlichkeit auf einer vergoldeten Liege und einem ebensolchen Stuhl sehen. Und er ließ sich mit Kleopatra zusammen malen und plastisch darstellen, nach ihren Worten er als Osiris oder Dionysos, sie als Selene oder Isis. Aus dieser Tatsache vor allem mußte man den Eindruck gewinnen, daß er von ihr durch irgendeinen Zauber verhext worden sei; denn nicht nur ihn, sondern auch alle anderen, die bei ihm bedeutenden Einfluß hatten, wußte sie in einem Maße zu bezaubern und zu bestricken, dass sie damit rechneten, die Frau werde einmal auch über die Römer herrschen; und wenn sie einen Eid leistete, lautete ihre stärkste Formel: ‹So wahr ich einmal auf dem Kapitol Recht spreche›.»[186]

Neben den propagandistischen Auseinandersetzungen, die einen ersten Höhepunkt mit der berühmten Anklagerede des Oktavian anlässlich des Antritts seines zweiten Konsulats am 1. Januar 33 erreichte[187], liefen auch die realen Kriegsvorbereitungen weiter. Hatte Oktavian bereits im Winter 36/35 einen großen Teil seiner Legionen auf den Balkan verlegt und sie unter seiner persönlichen Führung in den Kriegen gegen die Illyrer in den Folgejahren für den bevorstehenden Krieg gegen Antonius trainiert, so zog Antonius im Jahre 33 v. Chr. nochmals nach Armenien, wohl als Vorbereitung eines weiteren Partherfeldzugs, änderte seine Pläne jedoch angesichts der Nachrichten aus Rom und kehrte um. Immerhin hatte er ein Abkommen mit dem König der Meder geschlossen; den nicht unspektakulären Erfolg, dass er die von den Parthern erbeuteten Feldzeichen der Legionen des Oppius Statianus zurückerhielt[188], wusste Oktavian vermutlich in Rom genauso zu verkleinern wie die Siege des vergangenen Jahres in Armenien.

Das Testament des Antonius und die Kriegserklärung Oktavians

Seine Legionen ließ Antonius noch im Spätherbst 33 v. Chr. unter dem Kommando des P. Canidius Crassus an die syrische Küste verlegen, während er selbst gemeinsam mit Kleopatra nach Ephesus vorauseilte, wo er seine mittlerweile auf 800 Transport- und Kriegsschiffe angewachsene Flotte zusammenzog[189], eine Flotte, wie es sie seit den Perserkriegen nicht mehr gegeben hatte. Und auch die politische Situation in Rom konnte sich jeden Tag ändern; das Triumvirat war, ungeachtet der modernen Forschungskontroversen, wohl am 31. Dezember 33 abgelaufen, womit Oktavian sich in einer juristisch prekären Lage befand, obwohl er vermutlich weiterhin im Besitz seiner triumviralen «potestas» blieb.[190] Zwei erklärte Freunde des Antonius, C. Sosius und Cn. Domitius Ahenobarbus, waren die neuen Konsuln, und Sosius erhob gleich in seiner ersten Rede wohl nicht unbegründete Vorwürfe gegen den abwesenden Oktavian; die Reaktion Oktavians erfolgte schnell. Er berief die nächste Senatssitzung ein und verteidigte sich, umgeben von einer bewaffneten Leibgarde, gegen die Vorwürfe und griff seinerseits Antonius und Sosius an. Zentraler Streitpunkt waren wohl die konkreten Bedingungen für die Niederlegung der triumviralen Sondervollmachten: «Durch das Angebot des Antonius, von seinem Amt zu abdizieren, scheint Oktavian diplomatisch in die Defensive gedrängt worden zu sein; denn inzwischen hatte sich die Situation gegenüber den Jahren 36 und 35 insofern gewandelt, als Antonius nach der Neuordnung des Ostens auch nach der Niederlegung der Triumviralgewalt noch eine ernst zu nehmende Macht geblieben wäre, selbst wenn er nicht bereits in Ephesos ein Inva-

Königliches Dekret auf Papyrus (P. Berolinensis 25.239) vom 23. Februar 33 v. Chr., in dem Kleopatra P. Canidius Crassus wirtschaftliche Privilegien gewährt.

sionsheer zusammengezogen hätte.»[191] Die beiden Konsuln warteten die nächste Senatssitzung, in der Oktavian seine Vorwürfe gegen Antonius belegen wollte, nicht mehr ab und flohen, begleitet von mehr als 300 Senatoren, zu Antonius nach Ephesus.

Einen guten Einblick in die Stimmung im Hauptquartier des Antonius, das er im Mai 32 nach Athen verlegt hatte, vermittelt wiederum Plutarch: «Antonius stellte auf Vorstellung des Domitius und einiger andern der Kleopatra den Antrag, sie sollte nach Ägypten zurücksegeln und dort den Ausgang des Krieges abwarten. Da sie aber befürchtete, daß durch Vermittlung der Octavia wieder ein Vergleich zustande kommen möchte, brachte sie den

Canidius durch eine große Summe Geldes auf ihre Seite und ließ durch ihn dem Antonius vorstellen, es sei weder billig, diese Frau von dem Kriege abzuweisen, die so viele Beiträge dazu gäbe, noch auch vorteilhaft, die Ägypter, einen ansehnlichen Teil seiner Seemacht, dadurch in Mutlosigkeit zu versetzen; überdies begreife er auch nicht, welchem unter allen den Königen, die sich bei seiner Armee befänden, Kleopatra an Einsicht und Klugheit nachstehe, da sie lange genug ein so großes Reich für sich selbst beherrscht und durch den langen Umgang mit ihm die wichtigsten Geschäfte zu betreiben gelernt habe.»[192] Die guten Beziehungen zwischen P. Canidius Crassus und Kleopatra werden im Übrigen durch einen Erlass vom 23. Februar 33 bestätigt, der zugleich schlaglichtartig zeigt, welche verwaltungs- und steuerrechtlichen Detailregelungen für königliche Gunstbezeugungen notwendig waren: *Wir haben Publius Canidius und seinen Erben bewilligt, jährlich zehntausend Artaben Weizen auszuführen und fünftausend koische Keramien Wein einzuführen ohne irgendeine Steuer oder andere Ausgaben überhaupt. Wir haben ihm außerdem Steuerbefreiung für alle ihm im Lande gehörenden Äcker bewilligt, wobei er keine Steuer an die Staatskasse oder an uns oder meine Kinder in irgendeiner Art in Zukunft entrichten wird. Ferner sind alle, die ihm das Land bewirtschaften, von dinglicher und steuerlicher Belastung ausgenommen. [...] Geschrieben an die Zuständigen, damit sie nach Kenntnisnahme Folge leisten.* Eigenhändig hatte Kleopatra hinzugesetzt: *So soll es geschehen.*[193]

Im Lager des Antonius in Athen wurde, wie der Bericht Plutarchs wie auch die übrigen spärlichen Informationen nahe legen, eifrig diskutiert und gestritten, um die Strategie für den Entscheidungskampf, über die Teilnahme Kleopatras am Feldzug und die Scheidung von Octavia. Diese vollzog Antonius im Mai / Juni 32 v. Chr.[194], im Grunde eine rätselhafte Entscheidung, konnte er doch damit weder in Rom noch bei seinen östlichen Verbündeten etwas gewinnen. Vielleicht war es nur eine Geste gegenüber Kleopatra, die eifersüchtig darüber wachte, von den Athenern die gleichen oder weiter gehende Ehrenbezeugungen als Octavia zu erhalten, eine Geste freilich, aus der auch sie keinen rechten Vorteil ziehen konnte. Als Dionysos und Aphrodite, als Osiris und Isis galten sie ohnehin als vermählt, und eine nach römischem Recht gültige Ehe war mit einer Ausländerin sowieso nicht möglich. Die immer wieder diskutierte Frage, ob Antonius sein Verhältnis mit Kleopatra, etwa im Kontext der alexandrinischen Proklamationen des Jahres 34 v. Chr., legalisiert habe[195], erweist sich damit als zumindest unbedeutend.

Die langwierigen Diskussionen um die richtige Strategie und um die Teilnahme der Königin am Feldzug mögen das persönliche Verhältnis zwischen Antonius und Kleopatra zeitweilig belastet haben, aber auch dies können wir nur vermuten. Sie, die immerhin 200 Schiffe gestellt und die Verproviantierung der gesamten Armee übernommen hatte, blieb jedenfalls im Hauptquartier; andere, teils weil sie sich mit der ägyptischen Königin überworfen hatten, teils weil sie ihre Hoffnungen auf einen Erfolg des Antonius schwinden sahen, verließen es und schlossen sich Oktavian an. Von zweien dieser Überläufer, den angesehenen Konsularen L. Munatius Plancus und M. Titius, erfuhr Oktavian, dass Antonius ein Testament aufgesetzt und bei den Vestalinnen hinterlegt hatte.[196] Oktavian beging den ungeheuren Frevel und setzte sich in den Besitz des Testaments; einzelne Verfügungen, die Oktavian veröffentlichte, schienen die bisherigen Vorwürfe, Antonius habe Rom verraten und sei zum Sklaven Kleopatras geworden, der römische Provinzen nach Gutdünken verschleudere, zu bestätigen. Insbesondere der Wunsch des Antonius, seine Grabstätte in Alexandria neben der Kleopatras zu finden, wurde zum dokumentarischen Beweis für alle gegenüber der ägyptischen Königin erhobenen Vorwürfe stilisiert. Die Eröffnung des Antonius-Testaments gab Oktavian nicht nur die zündende Parole für den Krieg, sie brachte auch die gesamte römische Öffentlichkeit auf seine Seite, wie Cassius Dio festhält: «Voll Erbitterung darüber glaubten nun die Römer, daß auch all das andere, was an Gerüchten umlief, der Wahrheit entspreche: Daß er [Antonius] im Falle eines Sieges ihre Stadt an Kleopatra verschenken und den Sitz der Macht nach Alexandria verlegen werde. [...] Sie erkannten ihm das Konsulat, zu dem er im voraus gewählt worden war, und überhaupt alle Machtbefugnisse ab. Zwar scheuten sie sich, ihn wörtlich zum Staatsfeind zu erklären; [...] Kleopatra aber erklärten sie offen den Krieg, legten ihre Soldatenmäntel an, als stünde der Kampf unmittelbar vor der Tür, und betraten den Tempel der Bellona, um dort durch Caesar als Fetiale sämtliche einem Krieg vorausgehende Riten in herkömmlicher Weise vollziehen zu lassen. Diese Handlungen waren dem Worte nach gegen Kleopatra, in Wirklichkeit jedoch gegen Antonius gerichtet.»[197]

Actium und die Folgen

So altehrwürdig das Ritual der Kriegserklärung auch war, so zweifelhaft war die Verfassungsmäßigkeit der Senatsbeschlüsse, die letztlich nur von einem Rumpfsenat in Abwesenheit der beiden zu Antonius geflüchteten Konsuln gefasst worden waren. Vielleicht hätte die Auseinandersetzung ein anderes Ende gefunden, wenn Antonius sich von Kleopatra getrennt und mit wenigen, aber zuverlässigen Truppen im Herbst 32 v. Chr. oder auch noch zu Beginn des Jahres 31 v. Chr. in Italien gelandet wäre. Eine solche Möglichkeit hat er jedoch wohl nicht ernsthaft erwogen.

Stattdessen ließ er seine Armee auf mehrere Stützpunkte verteilt an der Küste des Ionischen Meeres von Kerkyra im Norden bis Methone im Süden überwintern; die Hauptmacht hatte er auf der Halbinsel von Actium konzentriert. Im Grunde hatte Antonius sich damit für eine weit gespannte defensive Stellung entschieden – ob wesentlich unter dem Einfluss Kleopatras, lässt sich nicht entscheiden[198]. Sie sollte eine Invasion des Ostens durch Oktavian verhindern. Ohne die anhand des ausführlichen Berichts des Cassius Dio und weiterer Angaben der antiken Überlieferung recht gut rekonstruierbaren Flottenoperationen und Kämpfe im Frühjahr und Sommer 31 v. Chr. detailliert nachzuzeichnen, bleibt als Ergebnis festzuhalten, dass es Oktavian dank der klugen, weit gespannten Strategie seines Flottenführers M. Vipsanius Agrippa gelang, die Flotte des Antonius im Golf von Ambrakia einzuschließen und damit dem Landheer des Antonius die Nachschublinien abzuschneiden. Die Versuche des Antonius, mit seinem etwa 100 000 Mann starken Landheer das ebenfalls auf die Halbinsel von Actium verlegte Landheer Oktavians (etwa 80 000 Mann) in einer Feldschlacht zu stellen, waren

Die Seeschlacht von Actium. Illustration zu John Clark Ridpaths
«History of the World» (1894)

allesamt gescheitert, jedoch wohl nicht so kläglich, wie die oktavianische Propaganda vorgibt. Die Blockade des Agrippa, der
Nachschubmangel, Krankheiten, insbesondere Malaria, zeigten
im Spätsommer verheerende Auswirkungen auf das Heer des Antonius; jeden Tag liefen einzelne Soldaten oder ganze Verbände zu
Oktavian über. Es musste etwas geschehen, und nach einer erreg-
ten Diskussion im Kriegsrat hatte sich Kleopatra durchgesetzt.
Gegen das Votum ihres einstigen Fürsprechers P. Canidius Crassus, des Befehlshabers des Landheeres, hatte sie bei Antonius die
Entscheidung zur Seeschlacht durchgesetzt[199], wobei diese wohl
von vornherein als Durchbruchsschlacht geplant war. Kleopatra
und ihren 60 Schnellseglern gelang dann in der Seeschlacht bei
Actium (2. September 31 v. Chr.) die Flucht durch die feindlichen
Linien, während die Flotte des Antonius von Oktavian und Agrippa, die vielleicht durch Überläufer informiert waren, in verlust-
reichen Kämpfen aufgerieben wurde. Als sich Antonius nach
etwa vierstündigem Kampf zum Flaggschiff der Kleopatra rudern
ließ, wofür die antike Überlieferung wiederum die unselige Liebe des Antonius verantwortlich machte[200], und mit der Königin

nach Süden segelte, hatte er nur wenige Kriegsschiffe durch die feindlichen Linien retten können; er hatte die Seeschlacht verloren und viele seiner besten Legionäre, mit denen er seine Kampfschiffe bemannt hatte. Wenige Tage später gelang es Oktavian, das Landheer des Antonius mit dem Versprechen, es genauso mit Land zu versorgen wie seine eigenen Soldaten, zur Aufgabe zu bewegen. Damit erst wurde die Schlacht von Actium zum entscheidenden Sieg Oktavians, der dann in den Folgejahren von den augusteischen Dichtern emphatisch gefeiert wurde, wobei deren Darstellung, insbesondere die eindringliche Schilderung in der «Aeneis» des Vergil (VIII, 675 – 713) die oktavianische Interpretation der unheilvollen Rolle der Kleopatra für die Nachwelt festschrieb.

Kleopatra konnte mit ihren 60 Schiffen, insbesondere mit dem Flaggschiff, das die Kriegskasse mit sich führte, nach Ägypten entkommen; Antonius wandte sich, nachdem er seine Depressionen überwunden hatte, in die Kyrenaika, um von dort aus den Kampf fortzusetzen. Sein Statthalter L. Pinarius Scarpus hatte sich jedoch mitsamt seinen Legionen für die Seite Oktavians entschieden und verweigerte Antonius jede Hilfe. Daraufhin segelte auch Antonius nach Alexandria. Er hatte nicht nur eine Seeschlacht verloren; Makedonien, Griechenland und Kleinasien standen Oktavian offen, das so behutsam und klug errichtete System von Klientelstaaten, die Basis seiner Macht im Osten des Reiches, drohte zusammenzubrechen. Kaum in Alexandria angekommen, wurden die düsteren Ahnungen Gewissheit: Der Statthalter Syriens ging zu Oktavian über und auch der jüdische König Herodes. Nichts schien so erfolgreich zu sein wie der Erfolg; Unterstützung und Begünstigung waren, so werden die meisten Überläufer gedacht haben, nur vom Sieger Oktavian zu erwarten.

Die letzten elf Monate der Kleopatra und des Antonius nachzuzeichnen, ist sicherlich eine höchst reizvolle, wenngleich außerordentlich schwierige Aufgabe. Zu rätselhaft und widersprüchlich sind die Nachrichten, und zu schnell scheinen sich – besonders bei Antonius – Phasen fortschreitender Verdüsterung mit Demonstrationen vitaler Lebensfreude abzuwechseln: «Indes rührte ihn dies alles nicht mehr, sondern er schien mit Ver-

Kleopatra während der Seeschlacht von Actium. Illustration
zu John Clark Ridpaths «History of the World» (1894)

gnügen alle Hoffnungen aufzugeben, um sich auch der Sorgen zu entziehen, und verließ seine Wohnung in der See, die er Timoneion nannte. Er wurde nun von Kleopatra im königlichen Schlosse aufgenommen und veranlaßte in der Stadt eine Menge Schmausereien, Trinkgelage und Spenden, da er den Sohn der Kleopatra von Caesar unter die Jünglinge aufnahm, und dem Antyllus, seinem Sohne von der Fulvia, die Männertoga ohne Purpur anlegte. Deswegen wurden in Alexandria viele Tage durch Gastmähler und Feste mit allerhand Lustbarkeiten veranstaltet. Sie selbst hoben jenes Kränzchen der Unnachahmlichlebenden auf, stifteten aber dafür ein anderes, das jenem an Üppigkeit, Schwelgerei und Verschwendung nicht nachstand und das Kränzchen der Zusammensterbenden genannt wurde. Denn es schrieben sich dazu solche Freunde auf, die mit ihnen sterben wollten, und lebten bei den nach der Reihe angestellten Gastmahlen in Lust und Freuden.»[201]

Ein Versuch Kleopatras, sich nach Arabien oder sogar nach Indien in Sicherheit zu bringen, scheiterte; die ihr feindlich gesonnenen Nabatäer verbrannten ihre schon ins Rote Meer gebrachten und mit Schätzen beladenen Schiffe.[202] Während Kleopatra versuchte, vielleicht doch noch die nominelle Unabhängigkeit Ägyptens zu bewahren, sind die Handlungen des Antonius nur schwer deutbar. Selbst die Schreiben, die er an Oktavian richtete, der langsam aber sicher mit seinen Truppen Ägypten von Osten und Westen einschloss, akzentuieren im Grunde nur Widersprüchliches und signalisieren einen nicht zu verkennenden Realitätsverlust. Wie sonst wäre die romantisch-ritterliche Forderung, Oktavian solle in einem Zweikampf mit ihm den Krieg entscheiden, zu verstehen? Die Briefe und Gesandtschaften des Antonius beantwortete Oktavian entweder überhaupt nicht oder so ausweichend, wie er auf die brieflich geäußerten Bitten Kleopatras, ihren Kindern die Herrschaft in Ägypten zu übertragen, antwortete. Der Krieg war natürlich längst entschieden, das wusste auch Kleopatra; ihr Traum von einem ptolemäischen Großreich war endgültig ausgeträumt.

Die verzweifelte Situation, die ungeachtet der luxuriösen Ablenkungen das Denken des Antonius und der Kleopatra beständig beherrschte, führte wohl auch zu Spannungen zwischen den beiden.[203] Dennoch ging Kleopatra auf das brieflich übermittelte Angebot Oktavians, sich des Antonius zu entledigen, nicht ein. Ungefähr zur gleichen Zeit bot Antonius seinem Gegner an, sich selbst zu töten, wenn dieser dafür Kleopatra schone. Beide Nachrichten sind signifikante Indizien dafür, dass Kleopatra und Antonius mehr verband als politische Träume und Machthunger: «Der wahre Zustand einer Beziehung bleibt Außenstehenden im letzten stets verschlossen und gelegentlich auch den Betroffenen selbst.»[204]

Die ohnehin nur schwachen Hoffnungen, das drohende Verhängnis abzuwenden, waren Ende Juli 30 v. Chr. dahin. Die Grenzfestungen Ägyptens wurden ohne nennenswerten Widerstand von den Truppen Oktavians eingenommen. Nachdem Antonius am 31. Juli noch einen überraschenden Erfolg in einem Reitergefecht errungen hatte, stellte er sich am 1. August mit seinen wenigen ihm verbliebenen Truppen dem Gegner zu einem letzten Gefecht. Noch bevor es überhaupt zu Kampfhandlungen kam, gingen die Reitertruppen, genau wie die ägyptische Flotte, zu Oktavian über. Ob Kleopatra ihn verraten hat[205] oder die Soldaten nicht mehr für eine aussichtslose Sache kämpfen wollten, lässt sich nicht mehr entscheiden. Kleopatra, die den Ausgang des Gefechts gar nicht erst abwartete, hatte sich in ihr Grabmal geflüchtet.

Als Antonius begriffen hatte, dass es für den ehemaligen Herrn des Ostens nach der völligen Niederlage am 1. August 30 v. Chr. kein Leben als Privatmann in Athen geben konnte, stürzte er sich in sein Schwert. Sowohl Plutarch als auch Cassius Dio berichten, dass eine von Kleopatra übermittelte Botschaft, sie selbst sei tot, unmittelbarer Auslöser für den – dann mit melodramatischen Details geschilderten – Selbstmord des Antonius war.[206] Wenn dies zutrifft, so könnten dafür durchaus unterschiedliche Motive verantwortlich sein: Vielleicht wollte sie Antonius zeigen, welcher einzige Ausweg ihm noch blieb, seine römische Ehre zu retten, vielleicht wollte sie sich jedoch auch des Antonius entledigen, «um für andere Eventualitäten offen zu sein»[207]. Als der todwunde Antonius erfuhr, dass Kleopatra

Der Selbstmord von Marc Anton und Kleopatra.
Illustration (um 1480) zu einer Handschrift von Giovanni
Boccaccios «De casibus illustrium virorum et feminarum»

noch lebte, ließ er sich zum Grabmal tragen und starb schließlich in ihren Armen; angesichts des sterbenden Antonius «vergaß [die Königin] aus Jammer über sein Unglück fast ihr eigenes»[208]. Später gestattete Oktavian Kleopatra, Antonius mit königlicher Pracht beizusetzen.

Mit List gelang es den Männern Oktavians, Kleopatra aus dem Grabmal herauszuholen, sich ihrer Reichtümer zu versichern und sie in Gewahrsam zu nehmen, sie sollte den Triumph Oktavians über Ägypten krönen.[209] Die Kinder der Kleopatra und des Antonius wurden ebenfalls gefangen genommen; sie wurden großmütig behandelt und später, nach dem Triumphzug des Oktavian, in den Haushalt der Octavia überstellt. Kaisarion, der anerkannte Sohn Caesars und legitime König Ägyptens, wurde, nachdem seine noch von Kleopatra geplante Flucht gescheitert war, brutal erschlagen; das gleiche Schicksal traf Antyllus, den Sohn der Fulvia und des Antonius.[210]

DER TOD KLEOPATRAS: SELBSTMORD ALS POLITISCHE INSZENIERUNG

Hinterlässt schon der Selbstmord des Antonius – speziell die falsche Nachricht über den Tod Kleopatras – offene Fragen, so ist die Geschichte der letzten Tage Kleopatras und ihres Selbstmords (12. August 30 v. Chr.) noch viel komplizierter. Die Details waren schon in der Antike umstritten. Vielleicht versuchte sie noch einmal, was ihr schon zweimal gelungen war, den mächtigsten Repräsentanten Roms, Oktavian, für sich zu gewinnen, wie dies der Bericht des Cassius Dio suggeriert.[211] Vielleicht versuchte sie jedoch auch nur, Oktavian und ihre Wächter über ihre wahren Gefühle und Pläne hinwegzutäuschen, wir wissen es nicht. Den Versuch jedenfalls, sich durch Nahrungsverweigerung zu Tode zu hungern, unterband Oktavian, indem er drohte, Kleopatras Kinder dafür büßen zu lassen. Die durch Cornelius Dolabella, einen Freund Oktavians, überbrachte Nachricht, die Abreise nach Rom solle drei Tage später erfolgen, wo die ägyptische Königin den Triumph Oktavians als wertvollste Gefangene schmücken sollte, war dann offensichtlich Auslöser für die letzte große Inszenierung Kleopatras, die von Plutarch, dessen Bericht zum Teil auf Kleopatras Arzt, Olympus, zurückgeht, der Nachwelt überliefert wird: «[S]ie ging mit ihren vertrauten Frauen zum Grabmal des Antonius und warf sich auf den Sarg. ‹Teuerster Antonius›, sagte sie, ‹neulich begrub ich dich mit diesen noch freien Händen, jetzt bringe ich dir das Totenopfer als eine Gefangene, unter genauer Bewachung, daß ich diesen sklavischen, zum Triumph über dich aufbewahrten Körper ja nicht durch Tränen und Schläge miß-

Oktavian weist Kleopatra ab. Illustration zu
John Clark Ridpaths «History of the World» (1894)

handle. Erwarte nun keine andere Ehrenbezeigungen oder Totenopfer; dies sind die letzten, die Kleopatra dir bringt. Im Leben hat uns nichts voneinander trennen können; aber im Tode müssen wir noch allem Anschein nach den Ruheplatz vertauschen. Du, ein Römer, liegst hier begraben, und ich Unglückliche werde mein Grab in Italien finden, den einzigen Anteil, den ich an deinem Vaterlande nehme. Doch wenn die Götter daselbst nur einige Macht und Stärke noch besitzen – die hiesigen haben uns verraten – so gieb mich, deine Gemahlin, nicht lebend preis, laß es nicht geschehen, daß in mir über dich triumphiert werde, sondern verbirg mich hier in einem Grabe mit dir, indem unter den tausend Übeln, die mich treffen, keines so schwer und empfindlich ist, als die kurze Zeit, die ich ohne dich gelebt habe.› Nach diesen Klageworten schmückte sie den Sarg mit Kränzen und befahl, für sie ein Bad zu bereiten. Nach dem Bade legte sie sich zu Tische und hielt eine herrliche Mahlzeit. Während derselben kam jemand vom Lande und brachte ein Körbchen. Auf die Frage der Wachen, was er trüge, machte er es auf, nahm die Blätter oben weg und zeigte, daß es mit Feigen angefüllt war. Da jene sich über die Größe und Schönheit der Früchte wunderten, lächelte er und hieß sie davon nehmen; aber ohne den geringsten Argwohn befahlen sie ihm das Körbchen hineinzutragen. Nach der Mahlzeit schickte Kleopatra ihre Schreibtafel, die sie beschrieben und versiegelt hatte, an Caesar [Oktavian], hieß alle bis auf jene zwei Frauen aus dem Zimmer gehen und schloß sich mit ihnen ein. Caesar erbrach sogleich die Schreibtafel und da er beim Lesen auf die flehentliche mit Klagen vermischte Bitte stieß, daß er sie doch ja neben Antonius begraben möchte, erriet er, was geschehen war. Erst wollte er selbst ihr zu Hilfe eilen, schickte dann […] aber andere hin, die Sache zu untersuchen. Aber es war mit ihrem Tode äußerst schnell gegangen, ohne daß die ausgestellten Wachen das geringste davon gemerkt hatten. Denn da jene in vollem Laufe dahin kamen und die Türe öffneten, fanden sie die Kleopatra schon tot im königlichen Schmucke auf einem goldenen Bette liegen. Die eine von ihren Frauen, Eiras, verschied eben zu ihren Füßen; die andere, Charmion, die schon wankte und taumelte, rückte das Diadem, womit das Haupt der Königin umwunden war, zurecht.

Kleopatra mit der Schlange. Ölgemälde (um 1635)
von Guido Reni

Da einer im Zorne zu ihr sagte: ‹Das ist schön, Charmion!›, ver-
setzte sie: ‹Freilich das allerschönste, wie es sich für die Enkelin
so vieler Könige schickt.› Weiter konnte sie nichts sagen, sondern sank sogleich neben dem Bette nieder. Man sagt nun, in
dem Körbchen sei ihr eine giftige Schlange unter den Feigen
und Blättern versteckt zugebracht worden; denn sie habe es so
befohlen, damit sie, ohne es zu wissen, von dem Tiere gebissen

Der Tod der Kleopatra. Ölgemäde von Giovanni Pietro Rizzi, gen. Giampietrino (? – nach 1540)

würde. Als sie aber einige Blätter oben weggenommen hatte und die Schlange erblickte, habe sie gerufen: ‹Ei da ist sie ja›, und sogleich den entblößten Arm ihr zum Biß hingehalten. Andere erzählen, die Natter sei in einem Wasserkruge verschlossen aufbewahrt worden; Kleopatra habe sie mit einem goldenen Spinnrocken so lange gereizt, bis sie herausschnellte und sich ihr an den Arm hing. Den wahren Hergang der Sache weiß jedoch niemand.

Kleopatra und der Landmann mit dem Feigenkorb.
Ölgemälde (1838) von Eugène Delacroix

Denn es wird auch erzählt, sie habe beständig Gift in einer hohlen Haarnadel bei sich getragen und diese in dem Kopfschmucke verborgen. Indes zeigte sich an ihrem Körper kein Flecken noch sonst ein Merkmal von Gift. Aber es war auch keine Schlange im Zimmer zu sehen; nur wollte man zum Meere hin, nach welcher Seite das Zimmer die Aussicht hatte und dessen Fenster waren, einige Spuren von dem Gange derselben bemerkt haben. Einige versicherten noch, daß an dem Arme der Kleopatra zwei zarte und kaum bemerkbare Stiche zu sehen gewesen wären, und dies scheint auch Caesar geglaubt zu haben. Denn beim Triumphe ließ er ein Bild der Kleopatra mit einer am Arm hängenden Natter mit aufführen. […] Obwohl nun Caesar über den Tod dieser Frau sehr ungehalten war, konnte er doch nicht umhin, ihren Edelmut zu bewundern und ließ ihren Leichnam neben dem des Antonius mit königlicher Pracht beerdigen. Auch erhielten die beiden Kammerfrauen auf seinen Befehl ein ehrenvolles Begräbnis.»[212]

Lässt man einmal die Überlegungen Plutarchs, ob die Kobra im Körbchen mit den Feigen oder im Wasserkrug zu Kleopatra geschmuggelt wurde, beiseite und stellt auch die anderen Möglichkeiten, Gift, vielleicht sogar Schlangengift, zurück, so bleibt als wichtige Information, dass Oktavian für die römische Öffentlichkeit die Variante mit den Nattern favorisierte. Damit schrieb er die Ikonographie des Selbstmords der Kleopatra für die Nachwelt fest, die diese Szene immer und immer wieder zu Kunstwerken anregte, meist in der späteren, erotischeren Variante, in der Kleopatra den Schlangen ihre nackte Brust darbietet. Oktavian gewährte Kleopatra in der römischen Öffentlichkeit, so könnte man es deuten, den Ruhm des quasi rituellen ägyptischen Selbstmords. Die Uräusschlange war dem Sonnengott Amon Re heilig, sie war zugleich das Emblem des Pharao, das sich als Instrument des Todes und Bedrohung für die Feinde des Pharao am königlichen Diadem erhob. Und in der Tat ist ihr Freitod durch die Schlangen das einzig Positive, was die augusteischen Dichter über Kleopatra

Der Tod der Kleopatra.
Ölgemäde (1874) von Jean-André Rixens

mitzuteilen haben, wie etwa der Schluss der berühmten Actium-Ode des Horaz zeigt: «Sie hat die Stirn, betritt noch mit heiterem Blick / Die nun in Trümmer sinkende Königsburg / Greift kühn dann zum Gezücht der Nattern, / Tränkt ihre Brust mit dem schwarzen Gifte, / In freiem Tode selbst noch von höchster Art; / Denn sie versagt den römischen Seglern stolz, / Sie schmachvoll, bar der Königswürde / Welch eine Frau! – im Triumph zu zeigen.» [213]

Dies wäre ein schöner Schluss, vielleicht sogar ein Stück poetischer Gerechtigkeit gegenüber einer klugen, machtbewussten Herrscherin, die ihre Ziele – wie Manfred Clauss formuliert – «mit allen Mitteln, die ihr als Königin und als Frau zu Verfügung standen» [214] verfolgte, aber es wäre wohl nicht einmal die halbe Wahrheit. [215] Blicken wir daher nochmals kurz auf die Schilderung des Plutarch mit ihren verwirrenden Details zurück: Die Nachricht über die bevorstehende Abreise, um in Rom den Triumph Oktavians zu schmücken, ist der Auslöser für Kleopatras Selbstmord. Und diese sachliche Mitteilung, von Dolabella, einem Freund Oktavians übermittelt, provoziert bei näherem Nachdenken viele Fragen. Welches Interesse soll Oktavian daran gehabt haben, der unberechenbaren römischen Öffentlichkeit, eine besiegte, abgemagerte, gebrochene Frau zu präsentieren, einer Öffentlichkeit zudem, der er seit mehr als fünf Jahren immer und immer wieder eingehämmert hatte, dass Kleopatra die personifizierte Versuchung, Sinnbild orientalischer Pracht und lasziver Erotik sei? Bestand nicht die Gefahr, dass das so erfolgreich errichtete Propagandagebäude ernste Risse bekam, wenn man die imaginierte Verkörperung männlicher Obsessionen mit der realen Königin vergleichen konnte? Die Frage zu stellen, impliziert bereits eine negative Antwort.

Der Selbstmord der Kleopatra, nicht einer durch Nahrungsverweigerung, für den letztlich Oktavian hätte verantwortlich

Triumph
Eine streng formalisierte Sieges- und Reinigungsfeier, Ehrung für einen siegreichen Feldherrn, beschränkt auf Imperiumsträger und an bedeutende Erfolge in einem «bellum iustum» («gerechten Krieg») gebunden; in der Kaiserzeit nur noch den Kaisern vorbehalten

gemacht werden können, sondern der rituelle Tod durch Schlangenbiss wird so – und dies scheint mir die wahrscheinlichste Erklärung – zum letzten Stein im Propagandagebäude des Oktavian. Der zu einer mythischen Szene stilisierte Freitod Kleopatras wird zur letzten Bestätigung der Größe dieser faszinierend-rätselhaften Frau, aber sie wird es durch die perfide Inszenierung eines der erfolgreichsten Realpolitiker der Geschichte.

Epilog:
Das Nachleben Kleopatras

Mit dem Recht des Siegers annektierte Oktavian Ägypten (1. August 30) und machte es zur römischen Provinz, unterstellte sie einem Präfekten aus dem Ritterstand und verfügte, dass sie ohne seine persönliche Erlaubnis von keinem Senator betreten werden durfte. Oktavian hatte auf ganzer Linie gesiegt, dank der überlegenen Strategie seines Admirals Agrippa, freilich aber auch, weil er als nüchtern kalkulierender Politiker sehr früh die propagandistische Wirksamkeit politischer Inszenierungen erkannt hatte. Skrupellos hatte er Verträge nicht eingehalten, hatte Antonius weder die zugesagten 20000 Soldaten für den Partherfeldzug geschickt noch Truppenaushebungen in Italien gestattet. Stattdessen hatte er seinem Mittriumvir und späteren Gegner, der sich zunehmend auf die Ressourcen des Ostens stützen musste, dieses auch noch in der Öffentlichkeit als unrömisches Verhalten vorgeworfen. Ohne moralische Bedenken hatte er seine Schwester Octavia zum Werkzeug im Propagandakampf gegen Antonius gemacht, und er war nicht einmal davor zurückgeschreckt, das Testament des Antonius aus dem Vesta-Tempel zu rauben. Jetzt, als Sieger, konnte er sich großmütig zeigen, solange seine Herrschaft und seine propagandistische Inszenierung dadurch nicht gefährdet wurden, was die Ermordung des Kaisarion und des Antyllus genauso erklärt wie den zumindest provozierten Tod der Kleopatra.

Die Bildnisse und Statuen des Antonius ließ Oktavian zerstören, «die der Kleopatra aber blieben stehen, weil Archibius, einer von ihren Freunden, Caesar tausend Talente bezahlte, damit sie nicht mit denen des Antonius das gleiche Schicksal erfahren sollten»[216]. Und Oktavian setzte alles daran, seine Version der Geschehnisse in der römischen Öffentlichkeit zu verbreiten und damit auch der Nachwelt zu hinterlassen – wofür ihm der Zufall oder das Schicksal ein langes Leben im Zentrum und an den Hebeln der Macht gewährte. Eine knappe Zusammenfassung dieser

Sandsteinstele des Buchhisstiers: Der Stelentext erwähnt die Inthronisation des Stiers im ersten Regierungsjahr der Kleopatra und seinen Tod im ersten Regierungsjahr des Kaisers Augustus, der auch im Bildfeld als Pharao dargestellt ist.

oktavianischen Version der Geschichte präsentiert Cassius Dio in seinen kurzen Charakterskizzen des Antonius und der Kleopatra: «Was das nötige Pflichtbewußtsein betraf, stand Antonius niemandem nach, doch ließ er sich zahlreiche Torheiten zuschulden kommen. Ebenso zeichnete er sich manchmal durch Tapferkeit aus, während ihm Feigheit wiederholt Mißerfolge einbrachte.

Seelengröße und Sklavensinn waren ihm gleichermaßen zu eigen. Er pflegte fremdes Gut zu plündern und eigenen Besitz zu verschleudern, grundlos vielen Mitleid zu bezeigen und noch mehr Menschen rechtswidrig zu bestrafen. Die Folge war, daß Antonius, obwohl er aus äußerster Schwäche zu höchster Macht emporstieg und nach tiefster Armut unendlich reich wurde, aus keiner der beiden Möglichkeiten Nutzen zog, vielmehr endete er, der allein das Römerreich zu gewinnen hoffte, durch Selbstmord. Kleopatra hingegen war unersättlich in Liebesgenuß und Habsucht und ließ sich oftmals von lobenswertem Ehrgeiz, oftmals aber auch von frecher Geringschätzung leiten; durch Liebe gewann sie die Würde einer Königin von Ägypten, und als sie sich Hoffnung machte, mit dem gleichen Mittel auch die Stellung einer Königin der Römer zu erringen, erreichte sie dieses Ziel nicht und verlor darüber auch noch das andere Königtum. Sie fesselte die zwei größten Römer ihrer Zeit und nahm sich wegen des dritten das Leben.»[217]

Ungeachtet des durchschlagenden Erfolgs dieser Version der Geschichte Kleopatras, enthielt sie auch viele rätselhafte, widersprüchliche Einzelheiten und vermittelte kaum miteinander harmonisierbare Repräsentationen Kleopatras.[218] Andere Facetten dieser faszinierenden Königin beleuchten einige literarische Werke, die ihr in den beiden ersten Jahrhunderten nach ihrem Tod im griechischen Osten zugeschrieben wurden, was – wie Manfred Clauss völlig zu Recht ausführt – nur bedeuten kann, dass man ihr ein Interesse an diesen Themen unterstellte.[219] Zu diesen Kleopatra zugeschriebenen Werken gehört eine Abhandlung über Kosmetik, die werbewirksam einfach nur «Kleopatra» hieß; darüber hinaus Bücher über Maße, Gewichte und Münzen, über Gynäkologie und Alchimie; ein Anonymus schrieb sogar einen «Dialog zwischen Kleopatra und den Philosophen». Noch im 10. Jahrhundert würdigte sie der arabische Polyhistor und Geograph Al-Masudi als letzte bedeutende hellenistische Herrschergestalt: «Sie war eine Herrscherin, die mit den Wissenschaften vertraut war; der Philosophie sehr ergeben, zählte sie Denker zu ihren engsten Freunden. Sie war die Autorin von Werken über Medizin, Zauberei und andere Bereiche der Naturwissenschaften.»[220]

Der ägyptische Obelisk der Sonnenuhr des Augustus
in Rom, Piazza Montecitorio

Kleopatra, die große Liebende, die männermordende Sirene,
die Femme fatale, der Inbegriff von orientalischer Pracht, die verführerische Verkörperung von Exotik und Erotik regte wie kaum
eine andere Frau die Phantasie von Schriftstellern, Malern und
Komponisten an. In kaum zu zählenden Gemälden, Opern, Bal-
letten und Dramen seit der Renaissance wurde sie zum Spiegel-
bild des jeweiligen Schönheitsideals und Zeitgeschmacks, zur

Theda Bara als Kleopatra (1917)

Frau und Fleisch gewordenen Konkretisierung obsessiver eroti-
scher Männerträume und misogyner Albträume. Dutzende his-
torischer Romane erzählen im 19. und 20. Jahrhundert Kleopatras Lebensgeschichte, vereinzelt auch aus der Perspektive der
Königin selbst, wie zuletzt Françoise Xenakis (1986) und Marga-
ret George (1997).[221]

Claudette Colbert als Kleopatra (1932)

Filme über Kleopatra fanden im 20. Jahrhundert ein Millionenpublikum; die Liste der Schauspielerinnen, die dabei die ägyptische Königin verkörperten, wird selbst in knappster Auswahl noch zu einer Revue zu ihrer Zeit als Schauspielerinnen und Frauen vergötterten Stars: Theda Bara, Claudette Colbert, Vivien Leigh, Peggy Ashcroft, Sophia Loren und Elizabeth Taylor.

Vivien Leigh als Kleopatra (1945)

Die Erfolge der Kleopatra-Filme leiteten die konsequente Kommerzialisierung des Namens Kleopatra ein: Parfüms, Seifen, Körperlotionen, Enthaarungscremes, Schönheitsfarmen, erlesene handgearbeitete Strickwaren, für alles und jedes musste und muss Kleopatra als Werbeträgerin herhalten. Symptom für die Werbewirksamkeit ihres Namens ist die Schnelligkeit, mit der

Elizabeth Taylor als Kleopatra (1963)

Presse- und Fernsehberichte der letzten Jahre die zugegebenermaßen spektakulären archäologischen Funde im Hafen von Alexandria, die unsere Kenntnisse über die Metropole der Ptolemäer entscheidend bereichern, immer wieder mit Kleopatra verknüpfen oder gar als Teile des Palasts Kleopatras ausgeben, obwohl ein eindeutiger Beleg dafür bisher aussteht.

PALMOLIVE SHAMPOO

'The modern evolution of an ancient luxury – the perfect blend of the precious oils Cleopatra prized. It shares the fame of PALMOLIVE Soap – is distinguished by its rich creamy perfumed lather which makes your hair so soft, glossy and delicately fragrant

Sold everywhere by leading dealers with other PALMOLIVE Specialties Send 25 cents in stamps for Week End Package containing miniature packages of eight imperial favorites

The PALMOLIVE COMPANY, Milwaukee, Wis.

Palmolive-Reklame
aus «Vogue» (1918)

Die Internetrecherche unter dem Stichwort «Cleopatra/ Kleopatra» führt neben einem nach Kleopatra benannten Asteroiden, einer englischen Girlband und einer amerikanischen TV-Serie («Cleopatra 2525»), mühelos zu Hotels, Nachtbars, Boutiquen, einer Bauch- und Schlangentanzagentur, einem Internet-Spielcasino, einem Swinger-Club, einem Erotikversand, ja selbst zu vorgeblich erotischen Bildgalerien. Ein interaktives Computerspiel «Kleopatra» wie auch die Darstellung Kleopatras im Comic und Zeichentrickfilm, wofür «Asterix und Kleopatra» wohl das bekannteste Beispiel ist, wirken dagegen geradezu wohltuend; häufig gut recherchiert, knüpfen sie immer wieder an Details der historischen Überlieferung an, die sie parodistisch verfremden oder zu witzigen Wortspielen nutzen.

Die politischen Ambitionen der ägyptischen Königin und ihre Träume von Liebesglück und herrscherlicher Macht nachzuzeichnen, die Konsequenz, mit der sie für sich, ihre Kinder und ihr Reich stritt zu betonen, die Widersprüche und Rätsel der historischen Überlieferung, die so viele unterschiedliche, letztlich unvereinbare Facetten ihrer Persönlichkeit akzentuiert, herauszustellen und einzugestehen, dass viele Details wohl für immer rätselhaft bleiben werden, dies fällt in den Zuständigkeitsbereich des Historikers. Die gleichsam magische Faszination, die Kleopatra auf die Nachwelt ausübte, hat dagegen wohl niemand schöner in Worte gefasst als William Shakespeare, der in seiner Tragödie «Antony and Cleopatra» (um 1607) dem römischen Skeptiker Enobarbus Verse in den Mund legt, die in der nüchtern-kalten Welt Oktavians den erotisch-rätselhaften, zeitlosen Zauber Kleopatras beschwören: «[D]as Alter kann sie / Nicht welk machen, noch die Gewohnheit schal / Ihre unendliche Vielfalt! – Andre Frauen / Verleiden das Verlangen, das sie nähren, / Doch sie macht hungrig, wo sies gänzlich stillt. / Denn ihr steht auch das Niedrigste so gut, / Daß heilige Priester ihre Wollust segnen.» [222]

ANMERKUNGEN

Im Folgenden werden nur knappste Hinweise und Zitatnachweise geboten. Die Abkürzungen für antike Autoren orientieren sich am Abkürzungsverzeichnis in: Der Kleine Pauly Bd. I (1964), XI–XXVI. Die Bibliographie gibt Aufschluss über die hier in Kurzform zitierten Titel.

1 Vgl. Baldus 1973, 1989, 1989 und zuletzt Goudchaux 2001, 210–214
2 Um Verwechslungen und umständliche Formulierungen wie «der junge Caesar» oder «der Sohn des vergöttlichten Caesar» zu vermeiden, wird G. Octavius im Folgenden durchgängig als Oktavian bezeichnet
3 Vgl. Johnson 1976; Scott 1929, 133–141; Scott 1933, 7–49 und Wallmann 1989; vgl. ebenfalls die wichtige Materialsammlung und -auswertung von Becher 1966
4 Vgl. insbes. Hamer 1993 und 2001; Hughes-Hallett 1991; Lovric 2001; Walker und Higgs 2001
5 Vgl. zuletzt Hölbl 1994, 9–107
6 Vgl. Liv. 44,19,13 f.
7 Vgl. Liv. 44,29,1 und 45,2 f.
8 Vgl. u. a. Pol. 29,27; Liv. 45,12; Diod. 31,2
9 Pol. 29,27
10 Pol. 31,10; vgl. Hölbl 1994, 159–163
11 SEG IX, 7; deutsche Übersetzung nach Volkmann 1953, 30 f.; vgl. insgesamt Hölbl 1994, 163 f.
12 Volkmann 1953, 32
13 Hölbl 1994, 174
14 Vgl. dazu Heinen 1983, 116–127
15 Vgl. die Belege bei Hölbl 1994, 191
16 Vgl. Badian 1967, 178–192
17 Cic. leg. agr. 2,41–42
18 Vgl. die Belege bei Hölbl 1994, 193 f.
19 Vgl. u. a. Cic. Verr. 2,4,61–68
20 Vgl. Strab. 17,1,11
21 Vgl. Huß 1990, 191–203; vgl. anders Grant 1977, 15 f.
22 Volkmann 1953, 18 f.
23 Plut. Crass. 13,2
24 Suet. Iul. 11,1
25 Hölbl 1994, 197
26 Vgl. Baumann 1983, 5–16
27 Vgl. App. Mithr. 114; Ios. ant. Iud. 14,35; Plin. nat. 33,136
28 Vgl. den eindrucksvollen Bericht über seinen Alexandriabesuch im Jahre 60 v. Chr. bei Diodor 1,83,8 f.
29 Vgl. u. a. Suet. Iul. 53,3
30 Caes. civ. 3,107; Cic. Rab. Post. 3; Cic. Att. 2,16,2
31 Vgl. Olshausen 1963, 38–44
32 Vgl. u. a. Plut. Cat. 34,4–7; Liv. per. 104
33 Vgl. u. a. Cass. Dio 39,12; Plut. Pomp. 49,7
34 Vgl. Plut. Cato 35,4–7
35 Vgl. Volkmann 1953, 52 und Grant 1977, 31
36 Vgl. Darstellung und Belege bei Hölbl 1994, 200 f.
37 Cass. Dio 39,13,1–14,4
38 Cass. Dio 39,15,1–3
39 Vgl. Plut. Pomp. 49; Cic. ad Q. fr. 2,2,3
40 Vgl. Cic. fam. 1,1,3; Cass. Dio 39,12
41 Vgl. Cic. fam. 1,7
42 Vgl. den ausführlichen Bericht bei Cass. Dio 39,55–58; vgl. auch Williams 1973
43 Vgl. die Details bei Cic. Rab. Post. 4 ff.
44 Vgl. die Quellen bei Baumann 1983, 59–61
45 Vgl. Plut. Ant. 3,4–7
46 Vgl. zur Rückführung des Ptolemaios XII. Bloedow 1963, 72–74
47 Vgl. Cass. Dio 39,58,3
48 Vgl. Cic. Rab. Post. 22 ff.
49 Vgl. insgesamt Hölbl 1994, 202 f.
50 Vgl. zu den Gabiniani Heinen 1966, 48–52
51 Vgl. Fraser 1973 Bd. 1, 362 f., 371 f. und 484–486
52 Hölbl 1994, 204, mit Verweis auf

die Quellen u. a. Caes. civ. 3,108,4–6; Bell. Alex. 33,1f.; Lucan 10,92–99; Cass. Dio 42,35,4

53 Vgl. zum Testament des Ptolemaios Heinen 1966, 9f. und Criscuolo 1989, 337f.

54 Vgl. die überzeugende Interpretation der wenigen Quellen bei Hölbl 1994, 205f.

55 Vgl. weitere Details und die Quellen bei Heinen 1966, 36–45

56 Grant 1977, 75

57 Vgl. weitere Einzelheiten und die Quellen bei Heinen 1966, 48–55 und Hölbl 1994, 206f.

58 Vgl. Malalas 9,279

59 Vgl. App. civ. 2,84, und Strab. 17,1,11

60 Vgl. Lucan 5,58ff.

61 Caes. civ. 3,104,1–3

62 Meier 1982, 483

63 Caes. civ. 3,106,4–5

64 Hölbl 1994, 208

65 Caes. civ. 3,107,1

66 Plut. Caes. 49

67 Volkmann 1953, 61

68 Plut. Ant. 27

69 Cass. Dio 42,37,1–5

70 Vgl. zum alexandrinischen Krieg Quellen und überzeugende Analyse bei Heinen 1966, 99–142

71 Hölbl 1994, 210

72 Vgl. die Quellen bei Fraser 1972, Bd. 2, 493f.

73 Vgl. Caes. civ. 3,112,12

74 Vgl. Bell. Alex. 6–9

75 Vgl. Bell. Alex. 17–21; App. civ. 2,90; Cass. Dio 42,40,3f.

76 Volkmann 1953, 67

77 Vgl. Bell. Alex. 23–24; Cass. Dio 42,42; Ios. bell. Iud. I,187–192 und Ios. ant. Iud. 14,127–136

78 Cass. Dio 42,44,1–4

79 Hölbl 1994, 212

80 Suet. Iul. 52,1; App. civ. 2,90; Cass. Dio 42,45,1. Vgl. die differenzierte Analyse der Überlieferung von Heinen 1966, 148–158

81 Clauss 1995, 32. Vgl. jedoch auch anders Hölbl 1994, 212f.

82 Vgl. Plut. Caes. 49,10

83 Vgl. Belege und Deutung bei Heinen 1969, 182–186 und Hölbl 1994, 213. Vielleicht wurde das Geburtsdatum später mit dem Festtag der Isis harmonisiert (vgl. Clauss 1995, 32)

84 Vgl. Suet. Iul. 52,1f.

85 Vgl. Suet. Iul. 52,3, und die Deutung von Hölbl 1994, 213

86 Vgl. Ios. ant. Iud. 15,89; Cass. Dio 43,19,2f.

87 Vgl. Cic. Att. 15,15,2; Suet. Iul. 52,1, und Cass. Dio 43,27,3

88 Vgl. Cass. Dio 43,27,3

89 Clauss 1995, 35

90 Vgl. eine knappe Zusammenfassung bei Hölbl 1994, 264–266

91 Vgl. Hölbl 1994, 213f.

92 Cic. Att. 14,8,1

93 Cic. Att. 15,17,2

94 Ios. ant. Iud. 15,89; Ios. c. Ap. 2,58. Vgl. auch Hölbl 1994, 214

95 Vgl. Cass. Dio 47,31,5 und 47,30,4

96 OGIS, 194. Vgl. Teilübersetzung und Paraphrase bei Clauss 1995, 42

97 Hölbl 1994, 215

98 Clauss 1995, 42

99 Deutsche Übersetzung nach Clauss 1995, 43f.

100 Vgl. Cic. Phil. 2,90ff.; vgl. insgesamt auch Plut. Ant. 14 und App. civ. 2,600ff.

101 Kienast 1982, 30. Grundlegend für die Ereignisse nach der Ermordung Caesars Kienast 1982, 9ff., und Alföldi 1976

102 Vgl. zu den verfassungsrechtlichen Aspekten eingehend Fadinger 1969

103 Kienast 1982, 32f.

104 Kienast 1982, 36

105 Bengtson 1967, 240

106 Kienast 1982, 36; vgl. ebenfalls Buchheim 1960, 9ff.

107 Vgl. Clauss 1995, 51f.

108 Plut. Ant. 26,1–28,1

109 App. civ. 5,8–9

110 Plut. Ant. 10

111 Clauss 1995, 53

112 Vgl. Ios. ant. Iud. 15,89

113 Vgl. App. civ. 5,9; Cass. Dio

48,24,2. Vgl. insgesamt Hölbl 1994, 216

114 Clauss 1995, 55; vgl. in der Argumentation ähnlich Bengtson 1977 b, 163

115 Vgl. Quellen und die Details bei Schrapel 1996, 89 ff.

116 App. civ. 5,11

117 Plut. Ant. 28 f.

118 Vgl. Clauss 1995, 55

119 Vgl. die Quellen und weitere Details bei Buchheim 1960, 74–77 und Baumann 1983, 139–144

120 Vgl. Suet. Aug. 15; App. civ. 5,201 ff.; Cass. Dio 48,14,3 ff.; vgl. insgesamt Kienast 1982, 38–40 und Clauss 1995, 39 f.

121 Clauss 1995, 55

122 Clauss 1995, 57; vgl. auch Hughes-Hallett 1991, 130–134

123 Vgl. Kienast 1982, 40 f.

124 Vgl. Quellen und überzeugende Analyse bei Buchheim 1960, 35–39

125 App. civ. 5,59,250

126 Vgl. die Quellen und Details bei Buchheim 1960, 38 f.

127 Vgl. die Details bei Baumann 1983, 145–149

128 Vgl. Plut. Ant. 33

129 Cass. Dio 48,36,2–5

130 Vgl. Cass. Dio 48,43,1

131 Vgl. App. civ. 5,77,325 ff. und Cass. Dio 48,45,5–46,2

132 Vgl. Quellen und überzeugende Analyse bei Buchheim 1960, 42–46

133 Vgl. App. civ. 5,95,396 ff. und Cass. Dio 48,54,6. Vgl. zur Bewertung Buchheim 1960, 45 f., und Kienast 1982, 43–48

134 Buchheim 1960, 46

135 Plut. Ant. 33,4–34,1

136 Plut. Ant. 36,1

137 Vgl. Plut. Ant. 36,5; vgl. insgesamt auch Hölbl 1994, 217

138 Plut. Ant. 36

139 Vgl. insgesamt Quellen und überzeugende Analyse bei Schrapel 1996

140 Vgl. die überzeugenden Argumente von Buchheim 1960, 72

141 Vgl. insgesamt Buchheim 1960

142 Buchheim 1960, 97

143 Vgl. Hölbl 1994, 217 f.

144 Vgl. Hölbl 1994, 32 ff.

145 Vgl. im Detail Buchheim 1960, 72–74

146 Vgl. Buchheim 1960, 73 f.; vgl. mit anderen Akzenten Schrapel 1996, 263–279

147 Vgl. Quellen und Analyse bei Buchheim 1960, 74–79

148 Vgl. mit Quellen, Literatur und den Details Bengtson 1974, 4–21

149 Vgl. im Detail Bengtson 1974, 9–13

150 Vgl. Plut. Ant. 39–49, und das eindringliche Referat bei Bengtson 1977 b, 197–203

151 Plut. Ant. 50

152 Cass. Dio 49,31,1 f.

153 Plut. Ant. 51,1

154 Bengtson 1974, 40

155 Plut. Ant. 37,4 f.

156 Vgl. Quellen und Analyse bei Kienast 1982, 46–49

157 Plut. Ant. 51

158 Vgl. Cass. Dio 49,31,4

159 Cass. Dio 49,32,1 f. Vgl. insgesamt Buchheim 1960, 84

160 Vgl. App. civ. 5,132,548; vgl. auch Kienast 1982, 48–51

161 Vgl. Quellen und Analyse bei Kienast 1982, 48

162 Vgl. App. civ. 5,132,549

163 Buchheim 1960, 86

164 Vgl. die Argumente bei Buchheim 1960, 86

165 Plut. Ant. 53,1

166 Vgl. die Schilderung bei Plut. Ant. 53

167 Vgl. Buchheim 1960, 87

168 Clauss 1995, 62

169 Clauss 1995, 62

170 Plut. Ant. 54,1 f.

171 Vgl. Plut. Ant. 52

172 App. civ. 5,144,598

173 Vgl. zur verwirrenden Chronologie die überzeugenden Argumente von Buchheim 1960, 69–74

174 Ios. ant. Jud. 15,93 f.

175 Vgl. Quellen und Analyse bei Baumann 1983, 184 f.

176 Vgl. die Quellen und weitere Details bei Buchheim 1960, 90 f.
177 Vgl. u. a. Reinhold 1988, 76; Hölbl 1994, 219; Clauss 1995, 68
178 Vell. Pat. 2,82,4
179 Vgl. Cass. Dio 49,40,3 f.
180 Plut. Ant. 54
181 Clauss 1995, 70. Vgl. insgesamt Hölbl 1994, 219 f., und Clauss 1995, 69–73
182 Cass. Dio 49,41,4 f.
183 Cass. Dio 50,1,2–2,1
184 Suet. Aug. 69,3
185 Vgl. Plin. nat. hist. 9,119–121
186 Cass. Dio 50,5,1–4
187 Vgl. Quellen und Details bei Kienast 1982, 53 f., mit Anm. 223
188 Vgl. Cass. Dio 49,44,2
189 Vgl. Plut. Ant. 56,1
190 Vgl. die Quellen und Details bei Kienast 1982, 55–57, und Girardet 1990 a, 322–350
191 Kienast 1982, 56
192 Plut. Ant. 56,2 f.
193 Dendl 2001, 3; vgl. insgesamt auch P. van Minnen 2000
194 Vgl. Plut. Ant. 57,4 f.; Cass. Dio 50,3,2
195 Vgl. Hölbl 1994, 220
196 Vgl. zum Testament des Antonius grundlegend Kienast 1982, 57–60
197 Cass. Dio 50,4,1–5
198 Vgl. die jeweiligen Argumente von Bengtson 1977b, 230–253, und Hölbl 1994, 222
199 Vgl. Plut. Ant. 64
200 Vgl. Plut. Ant. 67
201 Plut. Ant. 72
202 Vgl. Plut. Ant. 69,3–5, und Cass. Dio 51,7,1
203 Vgl. Plut. Ant. 74
204 Clauss 1995, 109
205 Vgl. Plut. Ant. 77 und Cass. Dio 51,10,4
206 Vgl. Plut. Ant. 77; Cass. Dio 51,10,5 f.
207 Hölbl 1994, 224
208 Plut. Ant. 78
209 Vgl. bes. Plut. Ant. 79, und Cass. Dio 51,11,3–6
210 Plut. Ant. 81,4–82,1; 87; Suet. Aug. 17,5; Cass. Dio 51,15,5–7
211 Vgl. Cass. Dio 51,12,1–13,2
212 Plut. Ant. 85–87
213 Hor. 1,37
214 Clauss 1995, 109
215 Vgl. Grant 1977, 309–315
216 Plut. Ant. 87
217 Cass. Dio 51,15,2–4
218 Vgl. u. a. die Materialien bei Becher 1966
219 Vgl. Clauss 1995, 16 und 116
220 Al-Masudi, Buch der Goldwäschen, Kap. 27 (zit. nach Clauss 1995, 16 f.)
221 Vgl. jeweils mit einer Fülle von Beispielen Clauss 1995, 110–116; Hamer 1993 und 2001; Hughes-Hallett 1991; Lovric 2001
222 William Shakespeare: Antony and Cleopatra II,2; Übersetzung von Erich Fried

70/69 Geburt von Kleopatra VII.; Mutter unbekannt

59 Caesar lässt Ptolemaios XII. in Rom als König bestätigen («amicus et socius populi Romani»).

58/56 Annexion Zyperns durch Rom (M. Porcius Cato)

58 Vertreibung des Ptolemaios XII.

57 Ptolemaios XII. in Rom («Ägyptische Frage»)

55 Frühjahr: A. Gabinius führt Ptolemaios XII. nach Ägypten zurück.
15. April: Ptolemaios als regierender König bezeugt

52 Kleopatra VII. wird Mitregentin.
5. September – 4. September 51: 30. Jahr des Ptolemaios XII. und erstes Jahr der Kleopatra

51 Anfang: Tod Ptolemaios' XII. Sein Testament macht Rom zum Garanten für eine gemeinsame Herrschaft von Kleopatra VII. und Ptolemaios XIII.
22. März: Kleopatra bei der Inthronisation des neuen Buchisstiers vermutlich persönlich anwesend

51/50 Nach kurzer Gemeinschaftsregierung Alleinherrschaft Kleopatras (für ca. 18 Monate)

50 Herbst: Regierung von Ptolemaios XIII. (Regentschaftsrat) und Kleopatra

49 Kleopatra wird vertrieben, geht in die Thebais.
Herbst: der römische Gegensenat in Thessalonike erkennt Ptolemaios XIII. als rechtmäßigen Herrscher an.

48 Jahresbeginn (?): Kleopatra weicht ins syrische Grenzgebiet aus, sammelt Truppen und versucht, ihre Herrschaft wiederzugewinnen.
28. September: Pompeius kommt an die Küste bei Pelusion und wird ermordet.
2. Oktober: Caesar landet in Alexandria.
Herbst: Liebesbeziehung mit Kleopatra; Caesar setzt Kleopatra und Ptolemaios XIII. zu gemeinsamer Herrschaft über Ägypten ein, Ptolemaios XIV. und Arsinoë über Zypern.

48/47 Alexandrinischer Krieg

47 Frühjahr: Caesar und Mithridates von Pergamon besiegen die Ägypter, Ptolemaios XIII. fällt, Arsinoë wird gefangen genommen.
Caesar übergibt Kleopatra die Regierungsgewalt, Mitregent wird Ptolemaios XIV; drei römische Legionen bleiben in Ägypten (Ägypten römisches Protektorat).
April (?): Abreise Caesars
23. Juni: Geburt Ptolemaios' XV. Kaisar (Caesarion)

46 Juli: Vierfacher Triumph Caesars über Gallien, Pontos, Mauretanien und Ägypten
Sommer: Kleopatra mit Ptolemaios XIV. zu Gast bei Caesar in Rom («reges socii et amici populi Romani»); sie bleibt bis April 44.

45 Oktober: Goldene Statue der Kleopatra als Aphrodite im Venus-Tempel

44 15. März: Ermordung Caesars
Mai: Oktavian nimmt die Erbschaft Caesars an
Sommer: Tod des Ptolemaios XIV. (vielleicht von Kleopatra umgebracht?), Ptolemaios XV. Kaisar wird Mitregent.

43 Offizielle Anerkennung des Ptolemaios XV. Kaisar durch P. Cornelius Dolabella
Frühjahr: Flottenexpedition nach Zypern; Kleopatra wieder Herrscherin über die Insel
19. August: Oktavian wird Konsul (Bestätigung der Adoption)
1. September 43 – 31. Aug. 42: 10. Jahr der Kleopatra

Ende Oktober: Zweites Triumvirat: Antonius, Oktavian, Lepidus

27. November: Legalisierung des Zweiten Triumvirats durch die «Lex Titia» (für fünf Jahre)

42 1. Januar: Caesar offiziell zum Gott erklärt
Herbst: Doppelschlacht von Philippi; Sieg des Antonius und Oktavians über die Caesar-Mörder

41 Spätherbst: Kleopatra bei Antonius in Tarsos; Liebesbeziehung zwischen Kleopatra und Antonius

41/40 Winter: Antonius als Gast bei Kleopatra in Alexandria; vermutlich erhält Kleopatra das römische Kilikien.
Panhereinfall in Syrien und Kleinasien (Q. Labienus und Pakoros)

40 Februar: Kapitulation des L. Antonius und der Fulvia (Ende des Perusinischen Krieges)
Spätsommer: Vertrag von Brundisium (Antonius, Oktavian, Lepidus)
Geburt der Zwillinge Alexander (Helios) und Kleopatra (Selene)
Ende: Antonius heiratet Octavia, die Schwester Oktavians.

39 P. Ventidius Bassus, Feldherr des Antonius, besiegt die Parther und die Truppen des Q. Labienus.
Vertrag von Misenum (Antonius, Oktavian, Sex. Pompeius)

38 P. Ventidius Bassus besiegt die Parther entscheidend bei Gindaros (Tod des Pakoros).

37 September/Oktober: Vertrag von Tarent zwischen Oktavian und Antonius: Verlängerung des Triumvirats um fünf Jahre

37/36 Winter: Kleopatra bei Antonius in Antiochia; Anerkennung der Zwillinge als Kinder des Antonius

36 Neuordnung des Ostens durch Antonius: Kleopatra erhält das Königreich Chalkis am Libanon, die Stadt Kyrene und Ländereien auf Kreta.
Kleopatra beginnt eine neue Zählung ihrer Regierungsjahre neben der alten: Jahr 16 = Jahr 1.
Partherfeldzug des Antonius
3. September: Niederlage des Sex. Pompeius bei Naulochos gegen Agrippa; Oktavian zwingt Lepidus, die Triumviralgewalt niederzulegen.
Geburt des Ptolemaios Philadelphos

35 Faktische Trennung des Antonius von Octavia
Frühsommer: Erneuter Partherfeldzug des Antonius abgebrochen

35/34 Winter: Kleopatra erhält die Dattel- und Balsamplantagen um Jericho und Teile des Nabatäerreichs.

34 Siegreicher Armenienfeldzug des Antonius
Herbst: Dionysische Prozession in Alexandria; Proklamation Kleopatras zur «Königin der Könige»
Kleopatra offiziell im Gewand der Isis
Der Propagandakrieg zwischen Oktavian und Antonius eskaliert.

33 Antonius bricht den erneuten armenischen Feldzug ab und sammelt Streitkräfte in Anatolien.
1. September – 31. August: 32:20 = 5. Jahr der Kleopatra

33/32 Winter: Kleopatra bei Antonius in Ephesus

32 Anfang: Die Konsuln Cn. Domitius Ahenobarbus und C. Sosius kommen mit 300 Senatoren zu Antonius nach Ephesus (Gegensenat).
April: Antonius und Kleopatra in Samos
Mai/Juni: Antonius und Kleopatra in Athen; Scheidebrief an Octavia
Sommer: Oktavian erzwingt die

Herausgabe des Testaments des Antonius in Rom; Stilisierung Kleopatras zur Gefahr für Rom.
Spätsommer/Herbst: Kriegserklärung an Kleopatra

32/31 Winter: Antonius und Kleopatra in Patras

31 Frühjahr: Erfolgreiche Flottenoperationen des Agrippa, er schneidet Antonius die Nachschublinien ab.
Sommer: Blockade des Heeres und der Flotte des Antonius durch Agrippa

2. September: Schlacht bei Actium
Um 9. Sept.: Das Landheer des Antonius geht zu Oktavian über.

30 1. August: Einnahme Alexandrias durch die Truppen Oktavians: Ägypten wird römische Provinz.

1. August: Selbstmord des Antonius; Fluchtversuch des Ptolemaios Kaisar (Caesarion)

12. August: Tod Kleopatras

ZEUGNISSE

Horaz

Doch siehe, in edlerm Tod / Denkt sie zu sterben, zagt nicht nach Frauenart / Vor blanken Schwertern, sucht sich nicht in / Schirmender Bucht auf der Flucht zu bergen. // Sie hat die Stirn, betritt noch mit heiterem Blick / Die nun in Trümmer sinkende Königsburg, / Greift kühn dann zum Gezücht der Nattern, / Tränkt ihre Brust mit dem schwarzen Gifte, // In freiem Tode selbst noch von höchster Art; / Denn sie versagt den römischen Seglern stolz, / Sie schmachvoll, bar der Königswürde – / Welch eine Frau! – im Triumph zu zeigen.
Oden I,37 (um 30 v. Chr.)

Lucan

Sie schreckte, als ob das geschehen dürfte, das Kapitol mit ihren Isisklappern, zog mit kriegsuntüchtigen Ägyptern gegen Roms Standarten, um mit einem Caesar als Gefangenem im Triumph durch Alexandria zu ziehen; so hing von dem Meer bei Actium die Entscheidung ab, ob eine Frau, und nicht einmal aus Rom, die Welt regieren werde. Solche Kühnheit gab ihr jene Nacht, die zum ersten Mal die schamlose Ptolemäerin mit einem Römerführer im Bett vereinte. Wer möchte dir, Antonius, für deine rasende Leidenschaft nicht Nachsicht gewähren, wenn Caesars fühllose Brust Flammen fing?
Bellum civile X, 63–72 (um 65 n. Chr.)

Aurelius Victor

Kleopatra war von so großer Wollust, daß sie sich häufig öffentlich anbot, und von so großer Schönheit, daß viele eine Nacht mit ihr um den Preis des eigenen Todes erkauften.
Liber de viris illustribus urbis Romae 86,2 (4. Jahrhundert)

Al-Masudi

Sie war eine Herrscherin, die mit den Wissenschaften vertraut war; der Philosophie sehr ergeben, zählte sie Denker zu ihren engsten Freunden. Sie war die Autorin von Werken über Medizin, Zauberei und andere Bereiche der Naturwissenschaften.
Buch der Goldwäschen (10. Jahrhundert)

Giovanni Boccaccio

Ihre schöne Gestalt, die sie mit weiblicher Leichtfertigkeit immer geschmückt hatte, war durch Fortunas Neid häßlich geworden, so daß sie bei lebendigem Leib zu verfaulen anfing. Mit einem kleinen Platz im Grabe mußte sich jene begnügen, die die Herrschaft über die ganze Welt begehrt hatte.
De casibus virorum illustrium libri novem, VI (1360–1368)

William Shakespeare

[D]as Alter kann sie / Nicht welk machen, noch die Gewohnheit schal / Ihre unendliche Vielfalt! – Andre Frauen / Verleiden das Verlangen, das sie nähren, / Doch sie macht hungrig, wo sies gänzlich stillt. / Denn ihr steht auch das Niedrigste so gut, / Daß heilige Priester ihre Wollust segnen.
Antony and Cleopatra II, 3 (um 1607)

Blaise Pascal

Wäre Kleopatras Nase kürzer gewesen, das Antlitz der Welt hätte sich geändert.
Pensées (1670)

Johann Wolfgang Goethe

[D]er raffinierteste, schnellste, schmerzenloseste Tod durch eine Natter war einer Königin würdig, die ihr Leben in Glanz und Lust zugebracht hatte.
Dichtung und Wahrheit, Buch XIII (1814)

Théophile Gautier

Auf diesem Gestell ruhte ein bezauberndes, ein angebetetes und göttliches Haupt, die vollkommenste Frau, die jemals gelebt hat, die Frau und Königin, die wie keine andere war, von der ein einziger Blick die halbe Welt ins Verderben riß. Ein bewunderungswürdiges Geschöpf, dem kein Dichter mehr etwas beizufügen braucht, das jeder Träumer am Ende seiner Träume findet; es ist kaum nötig, Kleopatra zu nennen.

Eine Nacht der Kleopatra (1836)

Algernon Charles Swinburne

Als ob die Liebe selbst durch ihre sich schließenden Augenlider strahlte und die trägen Blicke einer Schlange oder Taube stahl; als ob ihre Lippen die Ganzheit der Liebe verkörperten, ihre Seele die Essenz der Liebe.

Cleopatra (1866)

Bertolt Brecht

Ihr saht die schöne Kleopatra / Ihr wißt, was aus ihr wurd! / Zwei Kaiser fielen ihr zum Raub. / Da hat sie sich zu Tod gehurt / Und welkte hin und wurde Staub.

Dreigroschenoper III,1 (1928)

Philip Beaufoy Barry

Die Furcht, dass Ägypten der Ptolemäerdynastie entgleiten und eine römische Provinz werden könnte, war ihr Albtraum bei Tag und bei Nacht. […] Wenn alles gesagt und wenn alles getan war, dann war Ägypten ihr wirklicher Liebhaber.

Sinners Down the Centuries (1929)

Margaret George

Es mußte doch eine Möglichkeit geben, Octavian zu überlisten und ihn um seinen endgültigen Sieg über unsere Erinnerungen, ja unsere Existenz zu bringen. Ich hatte ja schon gesehen, wie er seine eigene Version der Ereignisse schuf, um sich selbst zu schmeicheln und uns anzuschwärzen – wie mit seiner Behauptung, die Soldaten hätten sich tapfer geschlagen, bis Canidius desertiert sei. Oder mit einer anderen Geschichte, die jetzt die Runde machte: Ich sei feige von Actium geflohen, und da sei Antonius mir blind vor Liebe gefolgt. Und wenn alles vorüber wäre, würde Octavian seine eigene Geschichte über unseren Kampf verfassen, und die unsrige würde ausgetilgt werden.

Kleopatra. Der Roman ihres Lebens (1997)

BIBLIOGRAPHIE

1. Quellen

Alle im folgenden Verzeichnis nicht aufgeführten antiken Autoren sind nach den wesentlichen wissenschaftlichen Ausgaben (Teubner bzw. Oxford) zitiert; die deutschen Übersetzungen wurden jeweils mit den Originalen verglichen.

Appian
White, H. (Hg.): Appian's Roman History. 4 Bde. London 1912 f., ND 1968–1972 (gr.–engl.)
Appian: Römische Geschichte – Die Bürgerkriege. Übersetzt von O. Veh, durchgesehen, eingeleitet und erläutert von W. Will. Zürich; München 1989

Caesar
Dorminger, G. (Hg.): Der Bürgerkrieg. München ³1970 (lat.-deutsch)
Way, A. G. (Hg.): Caesar, Alexandrian, African and Spanish Wars. London 1955, ND 1964 (lat.–engl.)

Cassius Dio
Cary, E. (Hg.): Dio's Roman History. 9 Bde. London 1914–1927, ND 1968–1970 (gr.–engl.)
Cassius Dio: Römische Geschichte. Übersetzt von O. Veh, eingeleitet von G. Wirth. 5 Bde. Zürich, München 1985–1987

Cicero
Kasten, H. (Hg.): Marcus Tullius Cicero, Atticus-Briefe. München ²1976 (lat.–deutsch)

Flavius Josephus
Michel, O., Bauernfeind, O. (Hg.): Flavius Josephus, De Bello Judaico, Der Jüdische Krieg. 3 Bde. München 1959–1969 (gr.–deutsch)

Thackeray, H. S. J., Marcxus, R., Wikgren, A, Feldman, L. H. (Hg.): Josephus, Jewish Antiquities. 6 Bde. London 1930–1965, ND 1966–1969 (gr.–engl.)
Des Flavius Josephus Jüdische Altertümer. Übersetzt und mit Einleitung und Anmerkungen versehen von H. Clementz. Wiesbaden ⁵1983

Horaz
Färber, H., Schöne, W. (Hg.): Horaz, sämtliche Werke. München 1957 (lat.–deutsch)

Lucan
Ehlers, W. (Hg.): Lucanus, Bellum civile. Der Bürgerkrieg. München 1973 (lat.–deutsch)

Plutarch
Ziegler, K. (Hg.): Plvtarchi Vitae Parallelae. 3 Teile (in 6 Bdn.) Leipzig ⁴1968 ff.
Plutarch: Große Griechen und Römer. Eingeleitet und übersetzt von K. Ziegler. 6 Bde. Zürich, München 1954–1965
Plutarchs vergleichende Lebensbeschreibungen. Übersetzt von J. F. S. Kaltwasser. 12 Bde. in 4. Leipzig 1913

Polybios
Paton, W. R. (Hg.): Polybius, The Histories. 6 Bde. London 1922–1927, ND 1968–1976 (gr.–engl.)
Polybios: Geschichte. Eingeleitet und übertragen von H. Drexler. 2 Bde. Zürich, München 1961–1963

Strabo
Jones, H. L. (Hg.): The Geography of Strabo. 8 Bde. London 1917–1932, ND 1960–1969 (gr.–engl.)

Sueton
Ihm, M. (Hg.): C. Svetoni Tranqvilli Opera Vol. I. De Vita Caesarvm. Stuttgart 1908, ND 1973

C. Suetonius Tranquillus: Die Kaiserviten. De vita Caesarum – Berühmte Männer. De viris illustribus. Hg. und übersetzt von H. Martinet. Düsseldorf, Zürich ²1997 (lat.–deutsch)

Velleius Paterculus
Shipley, F.W. (Hg.): Velleius Paterculus, Compendium of Roman History. London 1924, ND 1967 (lat.–engl.)

Vergil
Götte, J. (Hg.): Vergil, Aeneis. München ⁴1979 (lat.–deutsch)

2. Sekundärliteratur

Alföldy, A.: Oktavians Aufstieg zur Macht. Bonn 1976

Ashton, S.-A.: Identifying the Egyptian-style Ptolemaic Queens. In: S. Walker, P. Higgs (Hg.): Cleopatra of Egypt. From History to Myth. London 2001, S. 148–155

Badian, E.: The Testament of Ptolemy Alexander. In: Rheinisches Museum N. F. 110 (1967), S. 178–192

Bagnall, R. S.: The Administration of the Ptolemaic Possessions Outside Egypt. Leiden 1976

Baker, R. J.: Propertius, Cleopatra and Actium. In: Antichthon 10 (1976), S. 56–62

Baldus, H.-R.: Ein neues Spätporträt der Kleopatra aus Orthosia. In: Jahrbuch für Numismatik und Geldgeschichte 23 (1973), S. 19–43

–: Eine Münzprägung auf das Ehepaar Mark Anton – Kleopatra VII. In: Gazette Numismatique Suisse 33 (1983), S. 5–10

–: Zur Münzprägung von Dora/Phönizien zu Ehren Kleopatras VII. und Mark Antons. In: Chiron 19 (1989), S. 477–480

Baumann, U.: Rom und die Juden. Die römisch-jüdischen Beziehungen von Pompeius bis zum Tode des Herodes (63 v. Chr. – 4 v. Chr.). Frankfurt a. M. ²1983

Becher, I.: Oktavians Kampf gegen Antonius und seine Stellung zu den ägyptischen Göttern. In: Das Altertum 11 (1965), S. 40–47

–: Das Bild der Kleopatra in der griechischen und lateinischen Literatur. Berlin 1966

–: Augustus und Dionysos – Ein Feindverhältnis? In: Zeitschrift für Ägyptische Sprache und Altertumskunde 103 (1976), S. 88–101

Bellen, H.: Aegypto Capta. Die Bedeutung der Eroberung Ägyptens für die Prinzipatsideologie. In: R. Albert (Hg.): Politische Ideen auf Münzen. Festschrift zum 16. Deutschen Numismatikertag. Speyer 1991, S. 33–63

Bengtson, H.: Römische Geschichte. München 1967

–: Zu den Proskriptionen der Triumvirn. Bayerische Akademie der Wissenschaften Philosophisch-Historische Klasse, Sitzungsberichte Jahrgang 1972, Heft 3. München 1972

–: Zum Partherfeldzug des Antonius. Bayerische Akademie der Wissenschaften Philosophisch-Historische Klasse, Sitzungsberichte Jahrgang 1974, Heft 1. München 1974

–: Kleopatra VII., Königin von Ägypten. In: ders.: Herrschergestalten des Hellenismus, München 1975, S. 279–320

–: Marcus Antonius im Vorderen Orient. In: Antike Welt 8,1 (1977), S. 45–56

–: Marcus Antonius. Triumvir und Herrscher des Ostens. München 1977

Benne, S.: Marcus Antonius und Kleopatra VII. Machtaufbau, herrscherliche Repräsentation und politische Konzeption. Göttingen 2001

Benoist-Méchin, J.: Kleopatra. Ein Traum vom Weltreich. Stuttgart ²1977

Bernand, A.: Alexandrie des Ptolémées. Paris 1995

Bernhardt, R.: Polis und römische Herrschaft in der späten Republik (149–31 v. Chr.). Berlin, New York 1985

Bianchi, R. S.: Das ptolemäische Ägypten und Rom: Ein Überblick. In: Kleopatra. Ägypten um die Zeitenwende. Mainz 1989, S. 19–26

Bicknell, P. J.: Caesar, Antony, Cleopatra and Cyprus. In: Latomus 36 (1977), S. 325–342

Bleicken, J.: Der Begriff der Freiheit in der letzten Phase der römischen Republik. In: Historische Zeitschrift 195 (1962), S. 1–20

–: Zwischen Republik und Prinzipat. Zum Charakter des zweiten Triumvirats. Göttingen 1990

–: Geschichte der Römischen Republik. München 1992

–: Augustus. Eine Biographie. Berlin ²1998

Bloedow, E.: Beiträge zur Geschichte des Ptolemaios' XII. Diss. Würzburg 1963

Böhm, R. G.: Wo war/Was tat Cleopatra an den Iden des März 44? (Cicero, ad Atticum XV,15,2) In: Gerion 3 (1985), S. 151–155

Botermann, H.: Die Soldaten und die römische Politik in der Zeit von Caesars Tod bis zur Begründung des zweiten Triumvirats. München 1968

Brambach, J.: Kleopatra und ihre Zeit: Legende und Wirklichkeit. München 1991

Brunelle, E.: Die Bildnisse der Ptolemäerinnen. Frankfurt a. M. 1976

Buchheim, H.: Die Orientpolitik des Triumvirn M. Antonius. Heidelberg 1960

Buttrey, T. V.: THEA NEOTERA on Coins of Antony and Cleopatra. In: American Numismatic Society Museum Notes 6 (1954), S. 95–109

Carcopino, J.: César et Cléopatre. In: Annales de l'école des Hautes Études de Gand 1 (1937), S. 37–78

Carter, J. M.: Die Schlacht bei Aktium. Wiesbaden 1972

Chamoux, F.: Vues Nouvelles sur Marc Antoine. In: Échos du Monde Classique 30 (1986), S. 231–243

Chamoux, F.: Marcus Antonius, der letzte Herrscher des griechischen Ostens. Gernsbach 1989

Charlesworth, M. P.: The Fear of the Orient in the Roman Empire. In: Cambridge Historical Journal 2 (1926), S. 9–16

–: Some Fragments of the Propaganda of Mark Antony. In: Classical Quarterly 27 (1933), S. 172–177

Christ, K.: Krise und Untergang der römischen Republik. Darmstadt ²1984

Clauss, M.: Kleopatra. München 1995

Cowherd, C.: Cleopatra: Portrait of a Queen and Mistress. In: Augustan Age 3 (1983/84), S. 13–25

Craven, L.: Antony's Oriental Policy until the Defeat of the Parthian Expedition. Columbia 1920

Criscuolo, L.: La successione a Tolemeo Aulete ed i pretesi matrimoni di Cleopatra VII con i fratelli. In: ders., G. Geraci (Hg.): Egitto e storia antica dall'Ellenismo all'età araba. Bologna 1989, S. 325–339

Crook, J.: A Legal Point about Mark Antony's Will. In: Journal of Roman Studies 47 (1957), S. 36–38

–: A Negative Point about Mark Antony's Will. In: L' Antiquité Classique 58 (1989), S. 221–223

Daniel, R.: M. Vipsanius Agrippa. Diss. Breslau 1933

DeForest, M. M.: The Central Similes of Horace's Cleopatra Ode. In: Classical World 83 (1988/89), S. 167–173

Deininger, J.: Kaisarion. Bemerkungen zum alexandrinischen Scherznamen für Ptolemaios XV. In: Zeitschrift für Papyrologie und Epigraphik 131 (2000), S. 221–226

Dendl, J.: Die Unterschrift der Königin. Ein Berliner Papyrus trägt einen authentischen Schriftzug von Königin Kleopatra VII. In:

http://www.dendlon.de/
Kleopatra.html

Dobias, J.: La donation d'Antoine à
Cléopatre en l'an 34 av. J.-C. In: Mé-
langes Bidez. Annuaire de l'Institut
de Philologie et d'Histoire Orienta-
les Bd. 2. Brüssel 1934, S. 287–314

Eck, W.: Augustus und seine Zeit.
München 1998

Ehrenwirth, U.: Kritisch-chronologi-
sche Untersuchung für die Zeit
vom 1. Juni bis zum 9. Oktober 44
v. Chr. Diss. München 1971

Ellis, W. M.: Ptolemy of Egypt. London 1994

Etman, A.: Cleopatra and Antony.
A Study in the Art of Plutarch,
Shakespeare and Ahmed Shawky.
In: Athena 78 (1981), S. 97–107

Fadinger, V.: Die Begründung des
Prinzipats. Quellenkritische und
staatsrechtliche Untersuchungen
zu Cassius Dio und der Parallel-
überlieferung. Berlin 1969

Flamarion, E.: Cleopatra. From History to Legend. London 1997

Flory, M. B.: Pearls for Venus. In: Historia 37 (1988), S. 498–504

Foreman, L.: Kleopatras versunkener
Palast. Suche nach einer Legende.
München 2000

Fraser, P. M.: Mark Antony in Alexandria. A Note. In: Journal of Roman
Studies 46 (1956), S. 71–73

Fraser, P. M.: Ptolemaic Alexandria,
3 Bde. Oxford 1972

Gehrke, H.-J.: Geschichte des Hellenismus. München 1990

Geiger, J.: An Overlooked Item of the
War of Propaganda between Octavian and Antony. In: Historia 29
(1980), S. 112–114

Girardet, K. M.: Der Rechtsstatus
Oktavians im Jahre 32 v. Chr. In:
Rheinisches Museum 133 (1990),
S. 322–350

–: Die Entmachtung des Konsulates
im Übergang von der Republik zur
Monarchie und die Rechtsgrundla-
gen des augusteischen Prinzipats.
In: W. Görler; S. Koster (Hg.): Pra-

tum Saraviense. Festschrift P. Stein-
metz, Stuttgart 1990, S. 89–126

Glauning, A. E.: Die Anhängerschaft
des Antonius und des Oktavian,
Diss. Leipzig 1936

Gosling, A.: Octavian, Brutus and
Apollo: A Note on Opportunist Pro-
paganda. In: American Journal of
Philology 107 (1986), S. 586–589

Goudchaux, G. W.: Cleopatra's subtle
religious strategy. In: S. Walker,
P. Higgs (Hg.): Cleopatra of Egypt.
From History to Myth. London
2001, S. 128–141

–: Was Cleopatra beautiful? The con-
flicting answers of numismatics.
In: S. Walker, P. Higgs (Hg.): Cleopatra of Egypt. From History to Myth.
London 2001, S. 210–214

Goudriaan, K.: Ethnicity in Polemaic
Egypt. Amsterdam 1988

Grant, M.: Kleopatra. Bergisch Gladbach 1977

Gray, E. W.: The Crisis in Rome at the
Beginning of 32 B. C. In: Proceedings of the African Classical Asso-
ciation 13 (1975), S. 15–29

Greenhalgh, P.: Pompey, the Roman
Alexander, London 1980

Griffin, J.: Propertius and Antony. In:
Journal of Roman Studies 67 (1977),
S. 17–26

Griffiths, J. G.: The Death of Cleopatra VII. In: Journal of Egyptian Ar-
chaeology 47 (1961), 113–118 und
Taf. IX

Grimm, G.: Alexandria. Die erste Kö-
nigstadt der hellenistischen Welt.
Bilder aus der Nilmetropole von
Alexander dem Großen bis Kleopatra VII. Mainz 1998

–: Regina meretrix oder Kleopatra als
königliche Hure? In: Antike Welt
31,2 (2000), S. 127–133

Guillaume, J.: Cleopatra nova Pando-
ra. In: Gazette des Beaux Arts 80
(1972), S. 185–194

Günther, A.: Beiträge zur Geschichte
der Kriege zwischen den Römern
und Parthern. Berlin 1922

Haley, S. P.: The role of amicitia in

the life of Gnaeus Pompeius Magnus, Diss. Univ. of Michigan 1977

Haller, B. C.: Asinius Pollio als Politiker und zeitkritischer Historiker. Ein Beitrag zur Geschichte des Übergangs von der Republik zum Prinzipat in Rom (60–30 v. Chr.). Diss. Münster 1967

Hamer, M.: Signs of Cleopatra. History, Politics, Representation. London 1993

–: The myth of Cleopatra since the Renaissance. In: S. Walker, P. Higgs (Hg.): Cleopatra of Egypt. From History to Myth. London 2001, S. 302–311

Hans, L.-M.: Rhosica Vasa am Hof Kleopatras VII. In: Münstersche Beiträge zur antiken Handelsgeschichte 6 (1987), S. 116–121

Heinen, H.: Rom und Ägypten von 51 bis 47 v. Chr. Diss. Tübingen 1966

–: Cäsar und Kaisarion. In: Historia 18 (1969), S. 181–203

–: Die politischen Beziehungen zwischen Rom und dem Ptolemäerreich von ihren Anfängen bis zum Tag von Eleusis (273–168 v. Chr.). In: ANRW I,1 (1972), S. 633–659

–: Die Tryphè des Ptolemaios VIII. Euergetes II. Beobachtungen zum ptolemäischen Herrscherideal und zu einer römischen Gesandtschaft in Ägypten 140/139 v. Chr. In: Althistorische Studien. Festschrift H. Bengtson, Historia Einzelschriften Bd. 40. Wiesbaden 1983, S. 116–127 und Taf. 6 f.

–: Onomasticon zu Eiras, Kammerzofe Kleopatras VII. In: Zeitschrift für Papyrologie und Epigraphik 79 (1989), S. 243–247

–: Vorstufen und Anfänge des Herrscherkultes im römischen Ägypten. In: ANRW II,18,5. Berlin; New York 1995, S. 3144–3180

Herrmann, E.: Kleopatras angeblicher Schlangentod. In: Philologische Wochenschrift 36 (1931), S. 1100–1102

Higgs, P.: Searching for Cleopatra's image: classical portraits in stone. In: S. Walker, P. Higgs (Hg.): Cleopatra of Egypt. From History to Myth. London 2001, S. 200–209

Hill, P. V.: Coin-Symbolism and Propaganda during the Wars of Vengeance (44–36 B. C.). In: Numismatica e Antichita Classiche 4 (1975), S. 157–190

–: From Naulochos to Actium: The Coinages of Octavian and Antony, 36–31 B. C. In: Numismatica e Antichita Classiche 5 (1976), S. 121–128

Hinske, N. (Hg.): Alexandrien. Kulturbegegnungen dreier Jahrtausende im Schmelztiegel einer mediterranen Großstadt. Mainz 1981

Hölbl, G.: Geschichte des Ptolemäerreiches. Politik, Ideologie und religiöse Kultur von Alexander dem Großen bis zur römischen Eroberung. Darmstadt 1994

Hölscher, T.: Denkmäler der Schlacht von Actium. In: Klio 67 (1985), S. 81–102

Hughes-Hallett, L.: Cleopatra. Histories, Dreams and Distortions. London 1991

Huss, W.: Die Herkunft der Kleopatra Philopator. In: Aegyptus 70 (1990), S. 191–203

Huzar, E.: Mark Antony. A Biography. Minneapolis 1978

–: The Literary Efforts of Mark Antony. In: Aufstieg und Niedergang der Römischen Welt II. Bd. 30,1 (1982), S. 639–657

–: Mark Antony: Marriages vs. Careers. In: Classical Journal 81 (1986), S. 97–111

Instinsky, H. U.: Bemerkungen über die ersten Schenkungen des Antonius an Kleopatra. In: G. E. Mylonas, D. Raymond (Hg.): Studies Presented to David Moore Robinson. Bd. 2. Washington 1953, S. 975–979

Jeanmaire, H.: La politique réligieuse d'Antoine et de Cléopatre. In: Revue Archéologique 19 (1924), S. 241–261

Johnson, J. R.: Augustan propaganda. The battle of Actium, Marc Antony's Will, The Fasti Capitolini Consulares and Early Imperial Historiography. Diss. Univ. of California 1976

–: The Authenticity and Validity of Antony's Will. In: L' Antiquité Classique 47 (1978), S. 494–503

Johnson, W. R.: A Queen, A Great Queen? Cleopatra and the Politics of Misrepresentation. In: Arion 6 (1967), S. 387–402

Kienast, D.: Augustus und Alexander. In: Gymnasium 76 (1969), S. 430–456

–: Augustus, Prinzeps und Monarch. Darmstadt 1982

Kniely, E.-M.: Quellenkritische Studien zur Tätigkeit des M. Brutus im Osten (44–42 v. Chr.). Wien 1974

Koehler, H.: Die Nachfolge in der Seleukidenherrschaft und die parthische Haltung im römische-pontischen Konflikt. Diss. Bochum 1972

Koenen, L.: Die Adaption ägyptischer Königsideologie am Ptolemäerhof. In: E. Van't Dack u. a. (Hg.): Egypt and the Hellenistic World. Louvain 1983, S. 143–190

Kromayer, J.: Kleine Forschungen zur Geschichte des II. Triumvirates. In: Hermes 29 (1894), S. 556–585

–: Kleine Forschungen zur Geschichte des II. Triumvirates. In: Hermes 31 (1896), S. 70–104

–: Die Vorgeschichte des Krieges von Actium. In: Hermes 33 (1898), S. 13–70

–: Der Feldzug von Actium und der sogenannte Verrat der Cleopatra. In: Hermes 34 (1899), S. 1–54

Kyrieleis, H.: Bildnisse der Ptolemäer, Archäologische Forschungen Bd. 2. Berlin 1975

Le Corsu, F.: Cléopatre – Isis. In: Bulletin de la Société Française d'Égyptologie 82 (1978), S. 22–33

Lord, L. E.: The Date of Julius Caesar's Departure from Alexandria. In: Journal of Roman Studies 28 (1938), S. 19–40

Lovric, M.: Cleopatra's Face. Fatal Beauty. London 2001

Macurdy, G. H.: Vassal Queens and Some Contemporary Women in the Roman Empire. Baltimore 1937

Mader, G.: Heroism and Hallucination: Cleopatra in Horace C. 1.37 and Propertius 3.11. In: Grazer Beiträge 16 (1989), S. 183–201

Maehler, H., Strocka, V. M. (Hg.): Das ptolemäische Ägypten. Akten des internationalen Symposions 27.–29. September 1976 in Berlin. Mainz 1978

Maehler, H.: Egypt under the Last Ptolemies. In: Bulletin of the Institute of Classical Studies 30 (1983), S. 1–16 und Taf. 1–3

Malitz, J.: Caesars Partherkrieg. In: Historia 33 (1984), S. 21–59

Mamroth, A.: Die Münzbildnisse der Königin Kleopatra VII. Philopator. In: Berliner Numismatische Zeitschrift 1951, S. 161–165

Mannsperger, D.: Apollon gegen Dionysos. Numismatische Beiträge zu Octavians Rolle als Vindex Libertatis. In: Gymnasium 80 (1973), S. 381–404

Marshall, B. A.: Crassus. A Political Biography. Amsterdam 1976

Martin, P. M.: Antoine et Cléopatre. La fin d'un rêve. Paris 1990

Meadows, A.: Sins of the fathers: the inheritance of Cleopatra, last Queen of Egypt. In: S. Walker, P. Higgs (Hg.): Cleopatra of Egypt. From History to Myth. London 2001, S. 14–31

Meier, C.: Caesar. Berlin 1982

Meiklejohn, K. W.: Alexander Helios and Caesarion. In: Journal of Roman Studies 24 (1934), S. 191–195

Mesnil du Buisson, R. du: Traits de mœurs grecques et latines. La tenue de Cléopatre dans sa rencontre avec Antoine. In: L'éthnographie 80 (1979), S. 107–118

Minnen, P. van: An Official Act of Cleopatra (with a Subscription in her own Hand). In: Ancient Society 30 (2000), S. 29–34

Nethercut, W. R.: Propertius 2. 15. 41–48; Antony at Actium. In: Rivista di studi classici 19 (1971), S. 299–301

Olshausen, E.: Rom und Ägypten von 116 bis 51 v. Chr. Diss. Erlangen 1963

Olshausen, E.: Pontos und Rom (63 v. Chr.–64 n. Chr.). In: ANRW II,7,2. Berlin, New York 1980, S. 903–912

–: Kleopatra. In: K. Brodersen (Hg.): Große Gestalten der griechischen Antike. München 1999, S. 454–473

Onasch, Chr.: Zur Königsideologie der Ptolemäer in den Dekreten von Kanopus und Memphis (Rosettana). In: Archiv für Papyrusforschung 24–25 (1976), S. 137–155

Ooteghem, J. van: Pompée le Grand, Bâtisseur d'Empire. Brüssel 1954

Ors, A. d', Cleopatra. ‹Uxor› de Marco Antonio? In: Anuario de historia del derecho español 49 (1979), S. 639–642

Ortmann, U.: Cicero, Brutus und Octavian – Republikaner und Caesarianer. Ihr gegenseitiges Verhältnis im Krisenjahr 44/43 v. Chr. Bonn 1988

Pelling, Chr.: Anything truth can do, we can do better: the Cleopatra legend. In: S. Walker, P. Higgs (Hg.): Cleopatra of Egypt. From History to Myth. London 2001, S. 290–301

Petzold, K.-E.: Die Bedeutung des Jahres 32 für die Entstehung des Principats. In: Historia 18 (1969), S. 334–351

Pomeroy, S. B.: Women in Hellenistic Egypt. From Alexander to Cleopatra. New York 1984

Quaegebuer, J.: Cleopatra VII and the Cults of the Ptolemaic Queens. In: Cleopatra's Egypt. Age of the Ptolemies. New York 1988, S. 41–54

–: Kleopatra VII. und der Kult der ptolemäischen Königinnen. In: Kleopatra. Ägypten um die Zeitenwende. Mainz 1989, S. 45–58

–: Cléopatre VII et le temple de Dendara. In: GöttMisz 120 (1991), S. 49–72

Quirini, B. Z.: Le astuzie di Cleopatra. In: Civiltà classica e cristiana 10 (1989), S. 71–94

Ramage, E. S.: Augustus' Treatment of Julius Caesar. In: Historia 34 (1985), S. 223–245

Rawson, E.: Caesar's Heritage: Hellenistic Kings and their Roman Equals. In: Journal of Roman Studies 65 (1975), S. 148–159

Ray, J.: Alexandria. In: S. Walker, P. Higgs (Hg.): Cleopatra of Egypt. From History to Myth. London 2001, S. 32–37

Reinhold, M.: M. Agrippa. A Biography, Genève, New York 1933

–: The Declaration of War Against Cleopatra. In: Classical Quarterly 77 (1981/82), S. 97–103

–: From Republic to Principate. An Historical Commentary on Cassius Dio's Roman History Books 49–52 (36–29 B. C.). Atlanta 1988

Ricketts, L. M.: The Administration of Ptolemaic Egypt under Cleopatra VII. Diss. Univ. Minnesota 1980

Roberts, A.: Mark Antony. His Life and Times. Upton-upon-Severn 1988

Roddaz, J.-M.: Marcus Agrippa. Rom 1984

–: Lucius Antonius. In: Historia 37 (1988), S. 317–346

Rose, H. J.: The Departure of Dionysos. In: Annals of Archeology and Anthropolgy 11 (1924), S. 25–30

Rossi, R. F.: Marco Antonio nella lotta politica della tarda repubblica romana. Triest 1959

Samuel, A. E.: The Joint Regency of Cleopatra and Caesarion. In: Études de Papyrologie 9 (1971), S. 73–79

Sands, P. C.: The Client Princes of the Roman Empire under the Republic.

Cambridge 1908, ND New York 1975

Schalit, A.: König Herodes, der Mann und sein Werk. Berlin 1969

Schieber, A. S.: Antony and Parthia. In: Rivista Storica dell'Antichità 9 (1979), S. 105–124

Schmitthenner, W.: Octavian und das Testament Caesars. München 1952, ND 1969

Schor, B.: Beiträge zur Geschichte des Sex. Pompeius. Diss. München 1977

Schrapel, T.: Das Reich der Kleopatra. Quellenkritische Untersuchungen zu den ‹Landschenkungen› Mark Antons. Trier 1996

Schumacher, L.: Die imperatorischen Akklamationen der Triumvirn und die auspicia des Augustus. In: Historia 34 (1985), S. 191–222

Schumacher, L.: Oktavian und das Testament Caesars. In: Zeitschrift für Rechtsgeschichte (rom. Abt.) 116 (1999), S. 49–70

Scott, K.: Mercur – Augustus und Horaz C. I,2. In: Hermes 63 (1928), S. 15–33

–: Octavian's Propaganda and Antony's De sua ebrietate. In: Classical Philology 24 (1929), S. 133–141

–: The Political Propaganda of 44–30 B. C. In: Memoirs of the American Academy in Rome 11 (1933), S. 7–49

Seager, R.: Pompey. A Political biography. Oxford 1979

Seaver, J. E.: Publius Ventidius – Neglected Roman Military Hero. In: Classical Journal 47 (1952), S. 275–280 und S. 300

Seibert, J.: Das Zeitalter der Diadochen. Erträge der Forschung Bd. 185. Darmstadt 1983

Shatzman, I.: The Egyptian Question in Roman Politics (59–54 B. C.). In: Latomus 30 (1971), S. 363–369

Sirianni, F. A. Was Antony's Will Partially Forged? In: L' Antiquité Classique 53 (1984), S. 236–241

Skeat, T. C.: The Last Days of Cleopatra. A Chronological Problem. In: JRS 43 (1953), S. 98–100.

Smith, H.: Nunc est bibendum – A Literary Analysis of Horace's Cleopatra Ode (I,37). In: Classica et Mediaevalia 9 (1973), S. 280–289

Sonnabend, H.: Fremdenbild und Politik. Vorstellungen der Römer von Ägypten und dem Partherreich in der späten Republik und frühen Kaiserzeit. Frankfurt a. M. 1986

Southern, P.: Mark Antony. Stroud 1998

–: Kleopatra. Ein Lebensbild. Erfurt 2000

Suerbaum, W.: Merkwürdige Geburtstage. Der nicht-existierende Geburtstag des M. Antonius, der doppelte Geburtstag des Augustus, der neue Geburtstag der Livia und der vorzeitige Geburtstag des älteren Drusus. In: Chiron 10 (1980), S. 327–355

Swain, S.: Cultural Interchange in Plutarch's Antony. In: Quaderni Urbinati 60 (1990), S. 151–157

Tanner, R. G.: The Georgics and Mark Antony. In: Proceedings of the Virgil Society 9 (1969), S. 86–106

Tarn, W. W.: Alexander Helios and the Golden Age. In: Journal of Roman Studies 22 (1932), S. 135–160

–: Antony's Legions. In: Classical Quarterly 26 (1932), S. 75–81

– und P. M.: Charlesworth, Octavian, Antonius und Kleopatra. München 1967

Troy, L.: Patterns of Queenship in Ancient Egyptian Myth and History. Uppsala 1986

Van't Dack, E.: L'armée romaine d'Égypte de 55 à 30 av. J.-C. In: Das römisch-byzantinische Ägypten. Akten des internationalen Symposions 26.–30. September 1978 in Trier. Mainz 1983, S. 19–29

Volkmann, H.: Kleopatra. Politik und Propaganda. München 1953

–: Kleopatra VII. In: Exempla historica. Epochen der Weltgeschichte in Biographien, Bd. 8: Römisches Imperium und Frühes Mittelalter. Frankfurt a. M. 1972, S. 91–113

Volterra, E.: Ancora sul matrimonio di Antonio con Cleopatra. In: H. H. Jakobs u. a. (Hg.): Festschrift für Werner Flume zum 70. Geburtstag. Bd. 1. Köln 1978, S. 205–212

Walker, S.: Cleopatra's images: reflections of reality. In: S. Walker, P. Higgs (Hg.): Cleopatra of Egypt. From History to Myth. 2001, S. 142–147

– und P. Higgs (Hg.): Cleopatra of Egypt. From History to Myth. London 2001

Wallmann, P.: Das Abkommen von Philippi – Ein Diktat des Antonius? In: Symbolae Osloenses 51 (1976), S. 121–129

–: Zur Zusammensetzung und Haltung des Senats im Jahre 32 v. Chr. In: Historia 25 (1976), S. 305–312

–: Triumviri Rei Publicae Constituendae. Untersuchungen zur politischen Propaganda im zweiten Triumvirat (43–30 v. Chr.). Frankfurt a. M. 1989

Ward, A. M.: Marcus Crassus and the Late Roman Republic. Columbia, London 1977

Wet, B. X. de: Contemporary Sources in Plutarch's Life of Antony. In: Hermes 118 (1990), S. 80–90

Whitehorne, J.: Cleopatra. London 1994

Wildung, D.: Mythos Kleopatra. In: Kleopatra. Ägypten um die Zeitenwende. Mainz 1989, S. 13–18

Williams, J. H. C.: ‹Spoiling the Egyptians›: Octavian and Cleopatra. In: S. Walker, P. Higgs (Hg.): Cleopatra of Egypt. From History to Myth. London 2001, S. 190–199

Winkler, H.: Rom und Aegypten im 2. Jahrhundert v. Chr. Leipzig 1933

Wurzel, F.: Der Krieg gegen Antonius und Kleopatra in der Darstellung der augusteischen Dichter. Diss. Heidelberg 1941

Wylie, G.: How did Trajan Succeed in Subduing Parthia where Mark Antony Failed? In: The Ancient History Bulletin 4 (1990), S. 37–43

Ziegler, K. H.: Die Beziehungen zwischen Rom und Partherreich. Ein Beitrag zur Geschichte des Völkerrechts. Wiesbaden 1964

Zwaenepoel, A.: La Politique Orientale d'Antoine. In: Les Études Classiques 18 (1950), S. 3–15

Zwierlein, O.: Cäsar und Kleopatra bei Lucan und in späterer Dichtung. In: Antike und Abendland 20 (1974), S. 54–73

NAMENREGISTER

*Die kursiv gesetzten Zahlen bezeichnen
die Abbildungen.*

Über den Autor

Uwe Baumann, geboren 1953, Studium der Fächer Geschichte, Englisch und Philosophie in Düsseldorf und Oxford, Promotion zum Dr. phil. 1982 in Düsseldorf, Habilitation 1990 an der Heinrich-Heine-Universität Düsseldorf. Von 1993 bis 1999 Anglistik-Professor in Düsseldorf, ab 1999 in Bonn (Englische Literatur- und Kulturwissenschaft).
Buchpublikationen (in Auswahl): Rom und die Juden (1983, 2. Aufl. 1986); Thomas Morus, Epigramme, übersetzt, eingeleitet und kommentiert (1983); Die Antike in den Epigrammen und Briefen Sir Thomas Mores (1984); Antoninus Bassianus Caracalla (1984); Thomas Morus, Humanistische Schriften (1986, gemeinsam mit H. P. Heinrich); Claudius Tiberius Nero, A Critical Edition of the Play Published Anonymously in 1607 (1990); Heinrich VIII. (1991; ⁴2001); Vorausdeutung und Tod im englischen Römerdrama der Renaissance (1564–1642): ‹The heavens themselves blaze forth the death of princes› (1996); Shakespeare und seine Zeit (1998, ²2000); Basileus und Tyrann: Herrscherbilder und Bilder von Herrschaft in der englischen Renaissance (1999). Zahlreiche Aufsätze zur englischen Literatur und Kultur vornehmlich des 16., 17., 19. und 20. und zur amerikanischen Literatur und Kultur des 19. und 20. Jahrhunderts.

QUELLENNACHWEIS DER ABBILDUNGEN

Staatliche Museen – Preußischer Kulturbesitz, Berlin: Umschlagvorderseite (Antikensammlung; Foto: Johannes Laurentius), 34 (Antikensammlung; Foto: Jürgen Liepe), 75 Mitte links (Münzkabinett; Foto: Reinhard Saczewski), 103 (Ägyptisches Museum und Papyrussammlung; Foto: Margarete Büsing)
Eremitage, St. Petersburg: 3
© Copyright The British Museum, London: 6, 57, 62, 90, 100
Musée du Louvre, Paris: 13 (© Photo RMN, Paris/Hervé Lewandowski), 29 (© Photo RMN, Paris/Chuzeville)
Aus: Manfred Clauss: Kleopatra. Beck'sche Reihe Wissen: 2009. München 1995: 16
Vatikanische Museen, Rom: 31
Aus: Lucy Hughes-Hallett: Cleopatra: Histories, Dreams and Distortions. London 1990: 37, 44, 130
Aus: Michael Grant: Kleopatra. 1990 © Gustav Lübbe Verlag, Bergisch Gladbach: 41, 84/85
© 2003 – Les Éditions Albert René / Goscinny – Uderzo, Paris: 46 (Aus: Der Sohn des Asterix. Stuttgart 1983, S. 47), 68 (Aus: Asterix und Kleopatra. Berlin 2001, S. 28)
Ägyptisches Museum, Kairo: 49
The Warburg Institute, University of London: 52, 70
© The National Trust, Photo Library, London: 55 (Foto: Paul Mulcahy)
Sotheby's, London: 63
Privatsammlung Frankreich: 73
Aus: Sammlung Walter Niggeler 2. Teil. Griechische Münzen der römischen Kaiserzeit. Römische Münzen: Republik bis Augustus. Auktionskatalog. Zürich 1966: 75 oben, Mitte rechts, unten
The Metropolitan Museum of Art, Edith Perry Chapman Fund, 1949. (49.11.3) Photograph © 2000 The Metropolitan Museum of Art, New York: 78
With permission of the Royal Ontario Museum, Toronto, © ROM: 80
V&A Images, The Victoria and Albert Museum, London: 81
Koninklijk Museum voor Schone Kunsten, Antwerpen: 92
Aus: John Clark Ridpath: History of the World. New York 1894: 107, 109, 114
By permission of The British Library, London: 112
Fotos © akg-images, Berlin: 116 (Foto: Rabatti-Domingie; Palazzo Pitti, Florenz), 117 (Louvre, Paris), 119 (Foto: Erich Lessing; Musée des Augustins, Toulouse)
Ackland Fund, Chapel Hill, NC: 118
Ny Carlsberg Glyptotek, Kopenhagen: 123
Scala Archives, Antella: 125
Cinetext Bild- & Textarchiv, Frankfurt a.M.: 126, 127, 128, 129, Umschlagrückseite unten
Hunterian Museum, University of Glasgow: Umschlagrückseite oben

Foto: Musée Dobrée, Nantes

rowohlts monographien

Große Frauen

Elisabeth I.
Herbert Nette
3-499-50311-5

Frauen um Goethe
Astrid Seele
3-499-50492-8

Jeanne d'Arc
Herbert Nette
3-499-50253-4

Frida Kahlo
Linde Salber
3-499-50534-7

Käthe Kollwitz
Catherine Krahmer
3-499-50294-1

Rosa Luxemburg
Helmut Hirsch
3-499-50158-9

Alma Mahler-Werfel
Astrid Seele
3-499-50628-9

Lise Meitner
Lore Sexl/Anne Hardy
3-499-50439-1

Marion Dönhoff
Haug von Kuenheim
3-499-50625-4

Maria Montessori
Helmut Heiland
3-499-50419-7

Astrid Lindgren
Sybil Gräfin Schönfeldt

3-499-50371-9

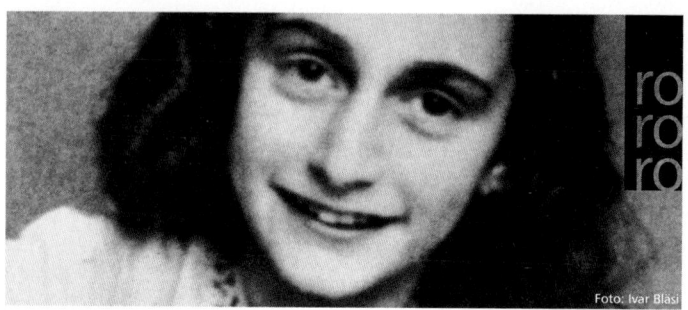

rowohlts monographien

Politik und Geschichte

Anne Frank
Matthias Heyl
3-499-50524-X

Kemal Atatürk
Bernd Rill
3-499-50346-8

Friedrich II. der Große
Georg Holmsten
3-499-50159-7

Mahatma Gandhi
Heimo Rau
3-499-50172-4

Adolf Hitler
Harald Steffahn
3-499-50316-6

Katharina die Große
Reinhold Neumann-Hoditz
3-499-50392-1

Marco Polo
Otto Emersleben
3-499-50473-1

Napoleon
André Maurois
3-499-50112-0

Willy Brandt
Carola Stern
Wie nur wenigen Politikern gelang es Willy Brandt, die Herzen der Menschen zu erobern. Unbestritten ist er einer der bedeutendsten Staatsmänner des 20. Jahrhunderts.

3-499-50576-2

Ölgemälde: Joseph Karl Stieler

rowohlts monographien

Dichter und Literaten

rowohlts monographien,
herausgegeben von Wolfgang
Müller und Uwe Naumann

Ingeborg Bachmann
Hans Höller
3-499-50545-2

Daniel Defoe
Wolfgang Riehle
3-499-50596-7

Friedrich Dürrenmatt
Heinrich Goertz
3-499-50380-8

Die Familie Mann
Hans Wißkirchen
3-499-50630-0

Johann Wolfgang von Goethe
Peter Boerner
3-499-50577-0

Günter Grass
Heinrich Vormweg
3-499-50559-2

Franz Kafka
Klaus Wagenbach
3-499-50649-1

Gotthold Ephraim Lessing
Wolfgang Drews
3-499-50075-2

William Shakespeare
Alan Posener
3-499-50641-6

Umberto Eco
Michael Nerlich

Umberto Eco
Michael Nerlich

3-499-50562-2